《新媒体概论》（第二版）编委会

主　编： 黄传武

副主编： 齐林泉　黄　佩　叶行军　梁　爽

编　委： 任乐毅　王秋生　张　蕊　游恒振
张　彦　赵　靓　吉文苑　苏　慧
李亚楠　姜珊珊　金　钰　栗瑜泽
胡　静　曹文欣　李义非　乌　兰
王　莹　雷　阳　张　灿　范钟文
程彦丽　郭　震　张　彤　邓丰丰
许　晔　程　晨　丁　曼　燕东祺
梁巧芳　李雪晨

新闻传播专业“十四五”规划教材

新媒体概论

第二版

Introduction to new media

黄传武◎主编

中国传媒大学出版社
·北京·

第二版前言

2012年出版《新媒体概论》至今，承蒙读者厚爱，教材加印多次，并收到良好的读者反映和社会反馈。随着互联网新技术的演进和移动互联网产业的发展，5G、人工智能、云计算等相关的前沿技术和产业发展也发生了翻天覆地的变化，为此，有必要对《新媒体概论》进行全面修订。

《新媒体概论》编写组在第一版的基础上，重新设计、编排体例和增删内容，增加最新的新媒体技术、新媒体传播、网络文化与社会等新媒体技术和产业内容，为适应我国高等教育教学改革发展需要，根据全国普通高等院校新闻传播学课程教材的编写精神而撰写。本书从内容、体例到应用，努力体现创新型、应用型、立体化的特点，致力于全面呈现移动互联网创新应用的整体风貌，旨在提高全国普通高等院校大学生对新媒体发展的认识、理解和实践能力，为大学生适应社会、服务社会奠定良好的基础。

本书基本内容包括：新媒体概述、新媒体形态、新媒体技术、社交化媒体、新媒体艺术、新媒体视频、新媒体产业与经营、新媒体管理、新媒体时代的网络文化、新媒体与国际传播等十个章节。理论知识明确，案例典型恰当，前沿分析精准到位。

本书适合全国高等院校作为专业课或选修课教材，亦可作为相关部门培训教材和参考书。

欢迎全国热心新媒体教育的同仁登录我们的网站"亚太新媒体研究中心"(www.newmediaedu.net)进行经验交流。

编者

2020年12月

第一版前言

随着我国经济建设的发展，社会对应用型人才需求紧迫。为适应现代化教育改革的需要，相应的教材编写和出版也进行了调整，必须体现新的理念、新的要求。

2010年6月，《新媒体概论》编委会根据全国普通高等院校新闻传播学专业教材的编写精神，为适应我国高等教育教学改革的需要，组织相关领域的专家学者，包括高等院校的实际讲课教授、媒体教育的知名学者、国家媒体机构的管理和经营专家，对新兴媒体教育问题进行了反复研讨论证，一致同意出版《新媒体概论》新型教材。

随着社会的发展，国家教育教学改革的进一步深化，新型教材的教学与实际应用环节也发生很大变化。为适应新形势的变化，《新媒体概论》编委会根据实际教学的需要，进行大胆的教材创新改革，重新调整体例、增加实用案例、注重实际应用训练，强化电子内容。并且在实际教学中加强教学平台协调应用。

《新媒体概论》是一本体现创新型的21世纪高等教育教材特点、适合读者学习应用的规范教材。

本教材体现如下特点：

1. 内容新颖

本教材选题新、内容新，具有很强的时代气息；本教材的编写人员由长期从事媒体研究、管理和实践一线的专家组成，使其具有较强的权威性、实用性。注重内容的时代性和现代特色。

2. 结构完善

本教材坚持以素质教育为目标，能力培养为本位。主要任务是帮助学生学习掌握新兴媒体的基础理论，了解新媒体的发展趋势、运营管理等各个方面知识。提高对新兴媒体的认知能力和实践运用能力。在结构上注重理论与实际的合理结构安排。

3.注重应用

本教材注重学生学以致用。突出实践应用能力,设计了能力训练题,让学生通过评析、修改、实践等训练来提高各种能力。

4.案例教学

按"案例法"的教学原则,重视知识应用能力的培养,突出可操作性,本教材配合知识点设计了许多典型案例并点评。

5.延伸阅读

在实际教学中,为使教学资料更加完备,教材中设计了相应的补充材料,实现师生延伸阅读的功能。

6.立体开发

为配合本教材,我们开发了电子教案、题库、学习卡、网站、分享平台等一系列的立体化教材体系,力图在新型的新媒体教学中创新出新型的教学模式。

教材建设任重道远,我们会一如既往地组织相关专家学者,不断修订、完善我们的教材,我们也衷心地希望更多的专家学者加入我们的队伍中来,为中国的专业教材建设作出贡献。

编者

2012年2月

目 录

第一章　新媒体概述

学习目标

- 掌握新媒体的概念
- 了解新媒体发展历程
- 了解新媒体的特征、种类
- 了解新媒体的发展现状

第一节　新媒体的概念

一、新媒体的定义

所谓媒体，是指不同时期人们进行交流、传播信息的工具和平台。

新媒体概念是 1967 年由美国人彼得·戈尔德马克(Peter Goldmark)率先提出的。新媒体是相对于传统媒体而言的，是报刊、广播、电视等传统媒体以后发展起来的新的媒体形态，是利用数字技术、网络技术，通过互联网、无线通信网、卫星等渠道，以及电脑、手机、数字电视机等终端，向用户提供信息和娱乐服务的传播形态。严格来说，新媒体应该称为数字化新媒体。

“新”与“旧”、“现代”与“传统”总是相辅相成的，媒体亦如此。在唐代，中国诞生了世界上第一份报纸——《开元杂报》，1920 年在美国诞生了世界上第一个广播电台，1926 年在英国诞生了世界上第一台电视机……千百年间，随着科学技术的变革,人类信息的产生和传播方式也发生着改变:从平面到立体、从纸张到电波,报纸、广播、电视延续着"旧"媒体与"新"媒体的更替。因此,从严格意义上讲,新媒体是一个不断变化的概念。

从不同角度审视新媒体的概念会得出不同的结论,为了更好地理解新媒体的概念,可以参考以下视角:

相对论:新媒体是一个相对的概念,相对于传统媒体,"新"的就是新媒体,新媒体往往兼具多种媒体的特征与特长。

数字论:凡是基于数字技术在传媒领域运用而产生的媒体形态即新媒体。

互联论:新媒体是在互联基础上实现多对多或点对点传播,具有与用户互动等交互功能的媒体形式。

媒体定义回归论:因为媒体应该是指从事大众传播的机构,所以新媒体应该定义为新的大众传播机构。

规模论:当新的传播形态达到大众传播的规模即新媒体。

综上所述,我们认为:新媒体是指人们交流信息的制作、传播、接受、文化影响等可以用计算机新技术不断实现的互动数字传播平台。

二、新媒体分类

新媒体层出不穷,新媒体的分类方法也多种多样。

根据媒体表现形式不同,新媒体可以分为:网络新媒体、电视新媒体、手机新媒体三大类。

(一)网络新媒体

网络新媒体,是指以计算机互联网为基本传播载体的媒体形式。因为互联网媒体建构在互联网这类新技术产品之上,和传统媒体比较而言,传播方式更加新颖,更加值得讨论研究。

网络新媒体主要有以下几种表现形式:

1. 博客

博客(Blogger),又译为网络日志、部落格等,是一种由个人管理、不定期张贴文章的网站。

博客上的文章通常根据张贴时间，以倒序方式由新到旧排列。许多博客专注在特定的主题上，经常发表、提供相关的评论或新闻；也有较多博客以记录个人琐事或心情为主，类似网络日记。

一个典型的博客结合了文字、图像，其他博客、网站或与主题相关的媒体链接。大部分博客内容以文字为主，也有一些博客专注于艺术、摄影、视频、音乐、播客等主题。

从传播模式及传播性质来看，博客突破了传统的网络传播，实现了个人性和公共性的结合。博客的即时性、自主性、开放性、互动性，为人们提供了一定程度的话语自由，这种自由颠覆了传统媒体“把关人”的概念。

2. 社交网络(虚拟社区)

虚拟社区是近年来活跃于网络空间的集体交友平台，当下，虚拟社区得到了全新的发展，其中最有名的要数社交网络。社交网络即社交网络服务 SNS(Social Network Service)，中文直译为社会性(或社会化)网络服务。社交网络包括硬件、软件、服务及应用，由于四字构成的词组更符合中国人的构词习惯，因此人们习惯上用社交网络来代指 SNS。

3. 即时通信

即时通信(Instant Message)是指能够即时发送和接收互联网信息等的通信业务。

即时通信从简单的信息即时传播开始，功能日益丰富，逐渐集成了电子邮件、博客、音乐、电视、游戏和搜索等多种功能。国内最典型的通信工具代表是腾讯QQ 和微信。中国互联网络信息中心(CNNIC)发布的《第 46 次中国互联网络发展状况统计报告》显示，截至 2020 年 6 月，中国互联网即时通信用户规模达 9.31 亿人，较 2020 年 3 月增长 3466 万。

现在的即时通信不再只是单纯的聊天工具，它已经发展成集交流、资讯、娱乐、搜索、电子商务、办公协作和企业客户服务等为一体的综合化信息平台。

随着移动互联网的发展，即时通信也在向移动化扩张。目前，微软、谷歌、腾讯等主要的新媒体内容服务商都提供通过手机接入互联网的即时通信业务，用户可以通过手机与其他已经安装了相应客户端软件的手机或电脑收发消息。

4. 微博

微博(Micro Blog),是一个基于用户关系的信息分享、传播、获取平台,用户可以通过 WEB、WAP 以及各种客户端组建个人社区,最开始以 140 字以内的文字更新信息,并实现即时分享。随着智能手机的发展,用户可以通过文字、图片、视频等形式发布和更新信息。

微博不仅颠覆了传统信息发布方式,以一种半广播、半实时互动的模式创立了新的社交方式与信息发布方式,使得人人既是传播者也是受众,既是新闻的发布者也是传播者。微博的便携性、即时性也使其更容易在第一时间成为事件发布的平台。

最早也是最著名的微博是美国的 Twitter。2009 年 8 月,中国最大的门户网站新浪网推出"新浪微博"内测版,成为门户网站中第一家提供微博服务的网站,微博正式进入中文上网主流人群视野。

(二)电视新媒体

电视虽然是 20 世纪的产物,但随着技术的进步,电视在新媒体时代有了全新的发展。

电视新媒体是建立在数字电视基础上的新媒体,主要包括数字电视、IPTV、移动电视与户外新媒体等。

1. 数字电视

数字电视是指从演播室到发射、传输、接收的所有环节都是使用数字电视信号或对该系统的所有信号都是通过由 0、1 数字串所构成的二进制数字流来传播的电视类型。与模拟电视相比,其信号流失率小,接收效果好。

与模拟电视相比,数字电视具有图像质量高、节目容量大(是模拟电视传输通道节目容量的 10 倍以上)和伴音效果好的特点。

2. IPTV

电视新媒体中当下最受关注的是 IPTV,即交互网络电视,它通过互联网络特别是宽带互联网络传播视频节目。

互动性是 IPTV 的重要特征之一。IPTV 用户不再被动地接收信息,而是可以根据需要有选择地收看节目内容。用户在家中就可以通过计算机、网络机顶盒+普通电视机、移动终端(如 iPad、iPhone)等多种方式使用 IPTV。

IPTV 能够很好地适应当今网络飞速发展的趋势,充分有效地利用网络资源。IPTV 既不同于传统的模拟电视,也不同于经典的数字电视。因为模拟电视和数字电视都具有频分制、定时、单向广播等特点。数字电视相对于模拟电视来说,虽然有许多技术革新,但本质上只是信号形式的改变,没有触及互动媒体内容的传播方式。

IPTV 是集合了电视传输影视节目的传统优势和网络交互传播优势的新型电视媒体,它的发展给电视传播方式带来了革新。

3. *移动电视*

从狭义上讲,移动电视是指在公共汽车等可移动物体内通过电视终端,移动地收看电视节目的一种技术或应用。从广义上讲,移动电视是指一切可以以移动方式收看电视节目的技术或应用。

作为一种新兴媒体,移动电视的发展速度是人们始料未及的,它覆盖广、反应迅速、移动性强,还具备城市应急信息发布的功能。

4. *户外新媒体*

户外新媒体是指安放在人们一般能直接看到的公共场所的数字电视等新媒体,是有别于传统的户外媒体形式(广告牌、灯箱、车体等)的新型户外媒体。主要的应用场所如公交、航空、地铁、轻轨等,同时也包括与这些交通工具相配套的辅助场所,如航空港、地铁(轻轨)站、公交站。户外新媒体的主要表现形式为 LED 彩色显示屏、视频等。

(三)手机新媒体

手机新媒体是指以手机为视听终端、手机上网为平台的个性化信息传播载体,它是以分众为传播目标,以定向为传播效果,以互动为传播应用的大众传播媒介,被公认为是继报刊、广播、电视、互联网之后的"第五媒体"。

手机新媒体的基本特征是数字化,最大的优势是携带和使用方便。

手机新媒体作为网络媒体的延伸,具有网络媒体互动性强、信息传播快、更新快、跨地域传播,以及高度的移动性、便携性、即时性等特点。

手机新媒体拥有广阔的市场前景,越来越受到人们的青睐。当今发展最迅猛的社交化媒体,在手机新媒体中得到更为广泛的应用。

三、新媒体的特征

(一)即时性

随着计算机网络技术的发展,信息得以即时传播。大众可以随时把自己的所见所闻、所思所想传播到网络上。同时,大众不仅可以决定接收信息的时间、内容、主题,还可以随时反馈自己的态度或决定。

传统媒体点对点或点对面的单向传播被新媒体点对点、点对面、面对面的丰富多样的传播方式所取代,信息极大丰富,不受时间地点的限制。在网络上永远没有一手新闻,因为新闻总在不断更新之中。

美国有研究称,70%突发性事件的传播都始于微博。通过微博的即时报道,人们可以了解到世界上最新发生的事情。甚至有一家美国报纸的头条写道:“如果某件事没有被 Tweet,那么它发生了吗?”对于新闻来讲,这种原生态、即时、海量的信息,是挖掘新闻素材的巨大宝库。

(二)交互性

新媒体使传播方式从单向的传播转向多向互动的传播,受众不再是简单的信息接收者。无论身份、年龄、职业、地区,人人都可以上网发布消息和言论,它给在传统媒介中没有太多发言权的大众提供了说话的机会。

(三)个性化

对于新媒体而言,人们对信息不仅有选择权,还有控制权,可以改变信息传播的内容和形式。

比如借助搜索引擎,人们可以选择自己感兴趣的信息;通过网络,人们可以选择喜欢的文章、音乐、图片或视频;通过 E-mail、Skype、QQ、微信,人们可以定制新闻,每天定时收到自己感兴趣的个性新闻。在同样一个域名的网站里,用户面对的界面和内容可以是完全不同的,新闻、财经、娱乐、游戏……根据自己的需求,人们在不同的网络世界里接收信息。

（四）多媒体化

传统平面媒体运用文字、图像进行传播，广播运用声音进行传播，电视运用影像、声音进行传播，而新媒体则涵盖了文字、声音、图像、动画，甚至是虚拟环境。

数字技术使新媒体在表达形式上突破了传统媒体特性的限制，打破了传统媒体的固定表达模式，以多种方式呈现新闻。

而多媒体的基础是数字技术的应用，不仅媒体形式更加丰富，媒体之间的联系日益紧密，文字、视频、声音也不再相互独立，而是统一在一个大背景之下，并且相互之间可以转换。

（五）全球化

新媒体的一大特点就是全球信息共享。

维基百科就是一个成功的例子。维基百科于 2001 年 1 月 15 日正式成立，由维基媒体基金会负责维持。截至 2017 年，维基百科条目数第一的英文维基百科已有 550 万个条目。全球 280 种语言的独立运作版本共突破4000万个条目，总登记用户超过6900万人，而总编辑次数更是超过 21 亿次。大部分页面都可以由任何人使用浏览器进行阅览和修改。英文维基百科的普及也促成了维基新闻、维基教科书等计划的产生。

第二节 新媒体的演变

从社会发展的历史进程来看，人类传播史就是一个人类在生产和交往活动中不断创造和使用新的传播媒介，使社会信息系统不断走向发达和完善的历史。

根据媒介产生和发展的历史脉络，可以把迄今为止的人类传播活动区分为四个发展阶段：口语传播时代、文字传播时代、印刷传播时代、电子传播时代。不过，这个历史进程并不是媒介依次取代的过程，而是一个依次叠加的进程。

一、新媒体产生原因

新媒体只用了不到十年时间，就拥有了报纸、广播和电视等传统媒体百年才拥有的受众群。如同其他新生事物一样,新媒体传播的实践走在了理论建设前面。

作为计算机新技术革命的产物,新媒体几乎是和信息产业一起发展壮大起来的。尤其是在数字化浪潮之后,新媒体发展的速度几乎是呈几何级数增长。新媒体的产生与发展有一定的社会历史必然性。归根到底,是媒介市场发育和发展的结果,是技术推动的结果。

(一)信息技术的迅速发展为新媒体提供了必要的技术保障

美国传播学家丹尼斯·麦奎尔认为:"真正的'传播革命'所要求的,不只是信息传播方式的改变,或者受众注意力在不同媒介之间分布上的变迁,其最直接的驱动力,一如以往,是技术。"回顾人类传播史,不难发现,信息技术的发展起着决定性的推动作用。信息技术的每一次革命都给人类的政治、经济、文化和社会生活带来了巨大影响,人类文明正是在信息技术的推动下不断前进的。信息技术的发展为人类的信息传播提供了更有效的工具和手段,新媒体在弥补传统媒体某些方面不足的同时,"为人类打开了通向感知和新活动领域的大门"。"人在正常使用技术即人体各种延伸的情况下,不断受到技术的修正。反过来,人又不断地寻找新的方法来修改自己的技术",以此增强人们获取、传递、使用信息的能力。数字技术、计算机网络技术、移动通信技术三大技术系统融合在一起,构成新媒体发展的技术平台,并为新媒体兼容各种新信息技术提供基础。

1.数字技术

数字技术指的是运用0和1两种数字编码,通过电子计算机、光缆、通信卫星等设备,来表达、传输、处理所有信息的技术。数字技术一般包括数字编码、数字压缩、数字传输、数字调制与解调等技术。数字技术是信息社会的基础,也是新媒体的核心技术,现阶段的新媒体无不以数字技术为基础。

首先,数字技术为媒体之间的转化提供了桥梁。数字技术中信息的表现形式是多种多样的,新媒体的一个重要特点就是信息的最小单元是比特(bit)。比特可以用来表现文字、图像、动画、影视、语音及音乐等信息,便于储存。

其次,数字技术使信息的交互成为可能。以往的储存方式往往是单一的,比如报纸的载体是纸张,音像制品的载体是光盘、磁带等,新媒体则以比特的形式通过计算机进行存储、处理和传播。交互性是指在数字领域中,信息在发送者和接收者之间是双向流动的。因此，交互性是新媒体的一个显著特点。所有新媒体都包含互动的功能，信息可以存于信源和信宿两端。趋于个人化的双向交流存在于新媒体传播中，传播者和受众之间可以进行实时的通信和交换。这种实时的互动性使反馈变得轻而易举，同时，信源和信宿的角色可以随时改变。

最后，数字技术是软件技术、智能技术的基础。新媒体是以软件为基础进行应用的，而电子邮件、即时通信、博客、播客等网络新媒体形态更是以软件为存在基础。没有各类软件的开发，新媒体根本不可能出现，而各类软件的开发都是在数字技术的基础上完成的。

2. 计算机网络技术

计算机网络技术为多媒体信息传播提供了渠道。计算机网络技术是通信技术与计算机技术相结合的产物。计算机网络是按照网络协议，通过电缆、双绞线、光纤、微波、载波或通信卫星，将地球上分散的、独立的计算机相互连接的集合。计算机网络具有共享硬件、软件和数据资源的功能，具有对共享数据资源集中处理及管理和维护的能力。人们可以在办公室、家里或其他任何地方，访问、查询网上的任何资源，极大地提高了工作效率，也可以上传信息，为信息交互传播提供物质基础。

当下，网络新媒体提供的信息服务主要基于因特网。“因特网”(Internet)是一组全球信息资源的总汇，是由许多小的网络(子网)互联而成的一个逻辑网，每个子网中连接着若干台计算机(主机)。Internet 以相互交流信息资源为目的，基于一些共同的协议，并通过许多路由器和公共互联网组成。万维网(WWW)是一个庞大的信息网络集合，可利用诸如 MicrosoftE、NetscapeNavigator 或 Firefox 之类的浏览器访问该网络。浏览器，在计算机上可以显示文本和图片，播放视频。用户可以很方便地从网站中选取各种内容，也可以利用该网站中的超链接转到其他网站。随着各种基于因特网的软件和信息服务的推出，因特网已成为各类新媒体交互的平台。

3. 移动通信技术

所谓移动通信就是移动体之间的通信，或移动体与固定体之间的通信。移动通信技术不仅使人可通过手机与别人通话，还可通过手机看电视、看报纸、听广播、看电影、看书、上网。保罗·莱文森在《手机》中对手机做了深刻的哲学解读。手机使人首次回到“前技术”时代那种交流的本真状态：人能够边走路边用手机说话，终于彻底摆脱了其他电子媒介把人囚禁在室内的枷锁。手机把因特网作为自己的内容,成为超越因特网的新媒体。数字技术、计算机网络技术与移动通信技术融合的产物——新媒体——已经改变了世界,它是一切媒介的媒介。美国麻省理工学院教授尼葛洛庞帝指出:"计算不再只和计算机有关,它决定我们的生存。"毫无疑问,正是科学技术的日新月异,为新媒体的出现提供了物质基础。

(二)受众多元化、个性化的信息需求是新媒体产生的社会基础

前文提到,大众传播主要经历了四个时代,分别是口语传播时代、文字传播时代、印刷传播时代、电子传播时代。从技术层面上讲,这四个时代是科学进步的四次飞跃。而从受众需求的层面上来讲,四个时代反映了人们的生存状态对媒介与信息需求的不同程度。在电子传播时代,人们对信息的需求表现出前所未有的多元化、个性化。受众不仅希望能接收到声音、图片、动画、文字甚至力量、气味、滋味等多样信息,还希望在与信息源的互动中参与信息的加工和提供,并且能随时随地参与传播过程。网络、手机等新媒体正好能够满足这种多元化的受众需求。

由于在后信息时代中,大众传播的受众往往只是单独一人,所有商品都可以订购,信息变得极端个人化。面对无数个性化的受众需求,传统媒体由于版面、时段、频道的限制不可能提供满足所有受众需要的信息。但是利用新媒体的海量性、非线性的特性,受众可根据自己的兴趣或独到的创意通过数据库编排出属于自己的信息,从而使单一的、个人化的传媒内容消费成为可能。受众的社会需求正是新媒体产生与发展的原动力。

(三)政策法规的支持

开放的市场环境也是新媒体快速发展的重要原因之一。自古以来,历代统治者都将言论紧紧地控制在自己手中,中国封建社会的"文字狱"、西方针对报刊的一系列残酷的法律都是执政者对媒体限制的证明。

然而随着社会的进步,言论越发有序、自由。传媒业成为市场经济的重要组成部分,一系列鼓励媒体发展的政策法规的出台,也是新媒体能迅速成长的原因。

二、新媒体发展历程

新媒体的发展历程有三个阶段:以浏览信息为主的 Web1.0 时代、交互分享的

Web2.0时代、聚合平台的Web3.0时代。

(一)第一阶段:以浏览信息为主的Web1.0时代

这一时期,用户主要通过浏览网络提供的内容,从中获取有用的信息,这是一种被动接收信息的方式。门户网站、数字电视的播控方对内容有绝对主导权,它们仅仅是将信息重新组合,利用新媒体的形式将信息提供给用户。在Web1.0时代,信息传播呈现出金字塔形结构,塔尖是信息传播方,下面则是接收信息的广大用户,主要特点是利用互联网进行信息的大规模发布,信息的交流以单向为主。Web1.0时代以新浪、搜狐、雅虎等门户网站为代表。

(二)第二阶段:交互分享的Web2.0时代

这个时代新媒体的交互性开始逐渐显现出来。交互电视开始出现,互联网诞生了Google和百度这样的公司,主动搜索和寻找信息成为互联网行为的核心动作。用户可以主动搜索需要的信息,并根据自己的需求选择内容。在这个时代,传播者与受众的交互、分享初步形成。

Web2.0时代,基于六度分隔理论,强调的是信息的交互性。互联网用户不再仅仅被动阅读、接收信息,他们既是信息的浏览者,也是信息的制造者。通过用户与用户之间、用户与网站之间的双向交流,实现了社会化网络的构建。博客是Web2.0时代的典型互联网应用。

(三)第三阶段:聚合平台的Web3.0时代

Web3.0时代的互联网应用不仅体现出“自媒体”特点,更体现出一种信息自由整合、业务极度聚合的“自系统”特点。作为Web3.0的典型应用,微博几乎可以将与其基本协议一致的所有互联网应用聚合到自身的开放平台上,成为一种新的强大的媒体形式。在Web3.0时代,技术进步、业务聚合成为主流,这种进步和聚合带来的结果是以微博为代表的聚合型应用横扫成为新时代的大赢家。

以微博为例,我们了解一下新媒体的特点。

1.发布便捷,即时性强,传受同体

从信息传播的技术角度来看,微博最初计划在手机上使用,并且希望与电脑一样方便,因此所有的微博消息都被限制在140个字符之内(个别网站的微博服务例外);对于照片、视频和较长的文章只能提供链接。微博在内容上不像传统博客那样冗长、详细,而是呈现零散化、简单化的特征。

微博为手机和互联网用户提供了一种新鲜、方便、自由、安全可靠且经济实惠的信息传播服务。用户可以通过Web、IM(Instant Messagîng,即时通信)、手机等方式随时随地将自己正在做的事情,或是看到听到的信息发送到微博上。关注者也可以即时回复,与发布者互动交流。以手机微博为例,调查显示,用户使用手机发微博主要集中在等车的时候、睡前或早起后等闲暇时间,这充分体现了微博的便捷性。比起传统的IM软件,微博具有独特的优势。传统的IM的主要特点是:发布者在发布信息的同时,对接收信息的对象及其后的举动给予了相应程度的控制。这个特点使得信息接收方在一定程度上丧失了处理接收到的信息的自由。博客发布者除了发布信息,对于信息将被谁获得、获得以后又会采取怎样的举动等一律不予控制,对于所发信息引起的问题难以管控。而微博博采众长,把博客和IM的特长系于一身,把发布流程简化至极,几乎等同于IM的发布方式。但在网络人际互通中它又实现了简短信息的异步即时呈现,无论是发布方还是接收方,都能全权处理收发的信息,使信息的发布方和接收方处于平等的地位。用户不仅可以通过Web网页,还可以通过手机短信、手机上网、绑定IM工具、电子邮件插件等方式来实时发布简短信息,其功能设置可以将一条信息同步发布在其他关联的微博网站上,突出地体现了其应用的便捷性和广泛性。

微博用户之间呈现的是"背对脸"的跟随与被跟随的不对称人际关系。这种不对称的人际关系保证了信息即时扩散的高效性,使信息传播出现了核裂变式的指数扩散。同时,由于微博客本身的设计架构,发布信息极其便捷,真正体现出即时性特征。微博信息的生产与再生产、传播与再传播都体现出了"零时间"的特性,以Twitter为代表,其简约的信息发布和转发方式使得传播的"零时间"特性比中文微博更加明显。这一点是传统媒体和其他网络新媒体都无法匹敌的。也正是因为微博的即时性,使得微博在很多重大事件中起到了现场直播的作用。

从信息制造者和发布者的角度来讲,微博更加强调使用者的主体地位。在过去,网民中的精英掌握着多数信息,网络"意见领袖"与"话语联盟"对大众施加了巨大影响,形成传统媒体主导信息的架势。而微博的出现极大地改变了这一状况,每个人都可以是信息发起者，每个人都可以在阅读别人的同时表达自己。信息制造和传播的主体更具大众性和平民化的特点，充分体现出个人即媒体的“自媒体”特性。另外，微博用户既是信息的接收者，也可以转发、评论、编辑信息，成为信息的发布者。在接收信息的同时，用户可以自主决定是否要转发微博让更多的人看到。信息一经转发，原来的接收者又变成了新的信息源，因此，接收者又成了传播者。这种传播完全颠覆了传统的信息接收方式，造就了一个崭新的“平面化发布”的平台。

微博提供了一种全新的信息发布平台、一种崭新的自我展示空间，这种发布、展示是分散化、交互式的，没有自上而下的层级约束，没有真正的中心和架构体系。每个发布者都是一个小的中心，是一个可以向外无限发散的结点。网络技术的发展使得用户自主创造内容的门槛大大降低，也降低了人们对主流媒体的过度依赖。个性化的用户个体创造汇聚成了庞大的内容生产，同时也被越来越多的用户所分享。

2. 开放的数据接口带来强大的业务聚合能力

目前，多数微博开放有 API① 应用程序接口，这有利于第三方进行微博应用产品的开发。微博 API 开放平台是一个基于微博系统的开放的信息订阅、分享与交流平台。广大开发者只要登录平台网站并创建应用，即可通过平台开放接口对微博系统进行读写，挖掘微博系统的新功能与新玩法，在迎合用户多样化需求的同时，也可以从多个层面扩大微博的影响力。目前常见的有网站、桌面客户端、手机客户端应用形式，通过与微博功能的紧密结合，可以实现用户量的提升。以 Twitter 为例：Twitter 的开放 API 激发了个人创作的积极性，引来了大量的第三方应用，这些第三方应用同时又扩大了 Twitter 原有的功能，从而极大地丰富了 Twitter 平台自身的功用和乐趣。现在，Twitter 超过一半的流量都是来自第三方 API。

这种开放式的数据接口模式给微博带来了强大的业务聚合能力，使得互联网上的所有应用都可以轻而易举地移植、聚合到微博平台上来，甚至进行应用服务的大规模创新。微博变成这一巨大体系的基础性结构，起着支撑、架构和培育的基础

---

① API(Application Programming Interface，应用程序编程接口)是一些预先定义的函数，目的是提供应用程序与开发人员基于某软件或硬件的以访问一组例程的能力，而又无须访问源代码，或理解内部工作机制的细节。

性作用,用户可以通过微博使用几乎所有的互联网应用。这与上文提到的微博作为 Web3.0 的重要表现形式相对应。微博强大的业务聚合能力,标志着一个新的系统化平台时代的到来。

然而,这种业务极度聚合的能力和开放式的数据接口模式也逐渐被其他应用所使用,随着 Web3.0 时代的不断发展,以后会有更多的应用陆续开启相同或类似的服务。

3. 名人效应强大,用户黏性显著

微博的"名人效应"相当强大。在国内微博开办的初期,一些门户微博网站如新浪微博就利用这一点发展自身业务。通过明星光环、名人效应吸引大量粉丝加入之后,微博进而成了大众交流分享的平台,促进了微博的广泛应用。微博使得普通大众可以看到名人的一举一动,看到明星生活的点点滴滴,还能与明星直接交流和对话,拉近了与偶像之间的心理距离,满足了普通大众对于明星的好奇心和追逐欲。名人也充分意识到了微博给自己带来的机遇,很多明星与粉丝之间进行了有效的沟通和互动,借此提升自己的人气。新浪微博就很好地利用了这一点,通过名人效应,不断聚集更多的用户,扩大使用规模。

名人效应强大,离不开用户黏性高这一特点。传统媒体时代曾经的一些"意见领袖"、风云人物,在现实社会中拥有很多粉丝和跟随者,而当这些名人、明星开始使用微博后,很多跟随者转而也加入微博,成为这些名人的微博粉丝。用户黏性除了表现在名人的众多忠实粉丝外,还表现在微博的小群体上。现实社会中关系较好的一些人,在微博中也容易形成较为稳定的小群体。不同的网络小组、微博群组等网络群体构成"话语联盟"。这些群体虽然看起来虚拟,但实际上却真实牢固。

近几年,微博的用户数量在不断上升,如图 1-1、1-2 所示。

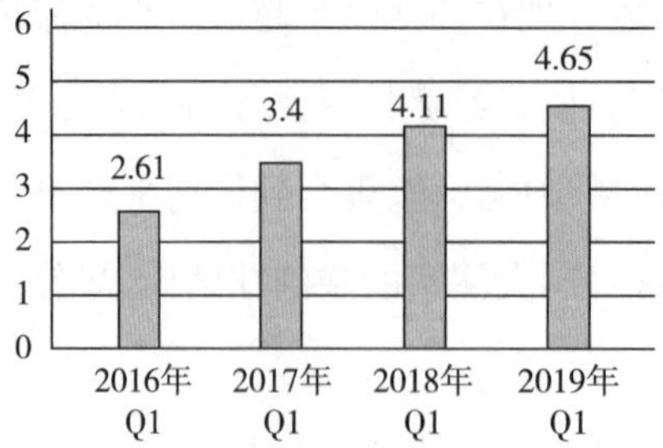

图 1-1 微博月活跃人数(MAU)增长(单位:亿)

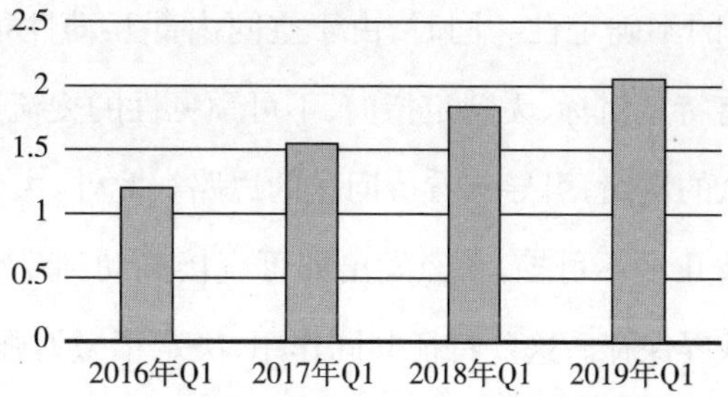

图 1-2　微博日活跃人数(DAU)增长(单位:亿)
(数据来源:微博财报 2019.5)

目前,新浪、搜狐等门户微博网站推出了"微群"功能(网友戏称为"围裙"),这也可以表明,虽然微博是一个巨大的、互动的网,但是也存在小范围、高黏性的小群体。微博的这种高黏性,主要得益于微博的技术手段。尽管 SNS 的用户黏性也很高,但与微博相比,由于受到环境和使用条件的限制,用户不能随时随地地进行互动。微博就突破了这种时间、空间的限制,而且进入和离开群体也十分简单。任何人只要"添加关注",就可以轻松进入以被关注者为中心的小群体,与群体中的成员进行即时互动。离开群体也像进入群体一样方便容易,只要"取消关注"即可。由于微博是以个人为中心的网络架构,这些"被关注者"之间也可以"加关注",从而互相成为粉丝,这使得这些小群体相互交织,由此联动起整个微博用户之间的互动。

4. 强大的动员能力

历史上没有哪一种服务拥有如此惊人的动员能力。早期的 IM 工具,针对的是点对点的信息传递,邮件服务又存在信息滞后的弊端,博客也只能算作延时的信息发布平台,而一直火爆的 SNS 网站,也没有短时间内动员大规模人群的能力。但是微博却可以轻而易举地做到这些。

从宏观角度看,微博是一个系统化平台和平面化媒体。但从微观角度看,微博其实又可以看作是一个个通过"关注"与"追随"形成的结构封闭的小空间,构成这些小空间的基本细胞是每个微博使用个体。无数的这种小空间无定式、无定向、无定形地相互交织、相互关联,形成了一个巨大的、无形的超级平台和结构空间。每个小群体中都可以有数量庞大的个体,决定了信息传播的影响范围必然极广,加之每个小空间都是相对封闭的,如果不在这个空间里,就不会知晓这个空间发生了什么,这样就带来很大的不确定性。同时,由于空间内部互动性很强,名人和受众之间可以直接进行没有特定目标、无特定指向、不可预见性的交流和互动,所以微博可以很容易地煽动受众的情绪,引导其看待问题的思路。此外,由于微博的技术特点,其信息的流动和传播几乎不可控,一经发出即可直接流动到受众的使用终端(如手机),受众可以立即截屏保存。这些特征共同作用,决定了微博强大的动员能力。在某些极端、突发的情况下,这种动员能力有可能会直接导致线下活动的迅速形成。

这种动员能力用于社会救助、商业宣传、突发事件应对等方面有极大的优势,但如果使用不当,或者被不怀好意者利用,将产生严重的、难以估量的后果。微博既可用来及时传递信息、提供救助,也可以用来相互煽动、相互串联。在传统表达渠道不畅、纠纷解决机制不完善、利益诉求得不到有效回应的情况下,矛盾很容易由网络虚拟世界转向现实社会,带来不良的社会影响。微博的动员能力已经在近年来一些大规模非常规突发性事件中有所体现,这也是直接导致 Twitter 在中国被关闭的原因之一。正是由于极大的不确定性,导致极大的风险存在。在目前相关法律法规尚不完善、行业自律规范无力、技术手段不足、安全服务缺乏保障体系支撑的情况下,如何有效地利用微博强大的动员能力,仍然是微博服务监管需要进一步解决的问题。

第三节　新媒体发展趋势

一、新媒体日益成为大众化的主流媒体

发达国家的网民规模大都已经超过 50%,中国互联网络信息中心的调查数据也显示,中国网民的规模在以年均 20%以上的速度高速增长。网络和手机的普及必然带来新媒体受众的大众化趋势。

随着新媒体的大众化,国家主管部门已从战略布局上确立了新媒体的主流地位。

2016 年 12 月 15 日,国务院印发《"十三五"国家信息化规划》的通知,明确指出:

“十三五”时期是全面建成小康社会的决胜阶段，是信息通信技术变革实现新突破的发轫阶段，是数字红利充分释放的扩展阶段。信息化代表新的生产力和新的发展方向，已经成为引领创新和驱动转型的先导力量。围绕贯彻落实“五位一体”总体布局和“四个全面”战略布局，加快信息化发展，直面“后金融危机”时代全球产业链重组，深度参与全球经济治理体系变革；加快信息化发展，适应把握引领经济发展新常态，着力深化供给侧结构性改革，重塑持续转型升级的产业生态；加快信息化发展，构建统一开放的数字市场体系，满足人民生活新需求；加快信息化发展，增强国家文化软实力和国际竞争力，推动社会和谐稳定与文明进步；加快信息化发展，统筹网上网下两个空间，拓展国家治理新领域，让互联网更好造福国家和人民，已成为我国“十三五”时期践行新发展理念、破解发展难题、增强发展动力、厚植发展优势的战略举措和必然选择。

新媒体在公众事件传播中的作用越来越大。在美国历届总统大选中，新媒体都扮演了重量级的角色。尤其是2008年奥巴马竞选美国总统，将网络媒体的宣传作用发挥到极致。他建立自己的竞选网页，并在Facebook、Myspace、YouTube、Digg、Flickr、Twitter等网站上发布自己的竞选视频和政治主张。YouTube上的奥巴马视频总浏览量超过1300万。有人说，广播成就了罗斯福，电视让肯尼迪打败了尼克松，网络让奥巴马登上总统宝座。

在我国，新媒体也发挥着越来越重要的影响和作用。

从“家乐福事件”“拉萨事件”到汶川地震，以手机媒体、网络媒体为代表的新媒介在其中发挥了很大的作用。2008年汶川地震之后，新华网和中国移动、中国联通合作推出《抗震救灾手机报》和抗震救灾快讯，专门为四川灾区1500万移动用户、700万联通用户免费定制，为抗震救灾提供了优质的信息服务。博客、播客、论坛等发挥互动功能，为抗震救灾营造了积极热烈的网络氛围。这样的新闻发布数量和浏览量，都是传统媒体望尘莫及的。有人评价，中国互联网正在展开一场“Web2.0式”的救灾。

随着新媒体的不断普及推广，其已逐渐成为人们获取信息的主要渠道。一项调查显示，网络媒体的可信度急剧上升，上升幅度超过150%。网络媒体已经取代电视成为最受信赖的新闻和信息来源。新媒体的信誉度不断提升，逐渐从边缘走向主流。

二、新旧媒体相互融合,优势互补

新媒体的另一个发展趋势是新旧媒介的融合。新媒体出现之前,印刷媒体和电子媒体虽然竞争激烈,但由于在物质形态和技术上各有优势,各自满足了受众对信息获取方式的不同需求,所以电子媒体并没有取代印刷媒体,两者在竞争中各自占领了一定的市场,形成了稳定的市场格局。新媒体则具有传统媒体的所有优势:统一的数字信息格式使新媒体可以向个体或大众提供多媒体的信息服务;手机等移动信息终端使媒介突破了电子媒介对固定线路、设备的限制,拥有了印刷媒体的移动性和方便性。而且新媒体还具有传统媒体所不具有的优势,例如交互传播、自由、开放等。从技术上讲,新媒体更能满足受众对信息的多重需求,但是现阶段由于受众习惯以及品牌等因素的影响,新媒体和传统媒体还会有一段长期共同演变的过程。

回顾传播史的发展历程,我们可以发现,没有一种媒介能够独立存在,每一种新媒介都是把一种旧媒介作为自己的内容,作为最古老的媒介——语言,几乎存在于一切媒介中。文字是语言的视觉表达,书籍、报纸、杂志是文字的批量生产。电报发送的是电子编码的文字,电话、唱机和收音机传递的是语言,电影成为电视的内容,而上述一切都是因特网的内容。因特网是一切媒介的媒介。这种观点使我们对媒介的叠加与融合有了更进一步的理解,媒介融合释放出新的能量和力量,正如原子裂变和聚变要释放巨大的核能一样。在两种媒介杂交或融合的时刻,也是发现真理和给人启示的时刻。由此,我们可以进一步思考:如果将新近出现的几种媒介技术按照上述思路融合在一起,就可以开发出另一种新型的具有更强功能的媒介技术。媒体的融合不是简单地消灭现有的各种媒体,而是在继承每一种媒体优势的基础上创造能更符合信息传播规律、更有生命力的新媒体。新媒体在内容的提供上,由于积累不足等因素,短时间内不可能超越传统媒体,二者之间存在合作和互补的关系。目前,传统媒体在内容上已经开始和新媒体合作,许多传统媒体的经典节目也被搬上新媒体舞台。

其实,无论是报纸、电视还是网络,都只是传播的途径而已,对于传播者来说,这些都是可以利用的资源,并没有天生的矛盾。只要你愿意,新媒体和传统媒体就可以相互为友。我们已经看到,传统媒体的运营者已建立起自己的新媒体网站，申请了自己的官方微博，充分发挥出新媒体反馈及时、交互性强和精确定位的优势；而网站的创办者也开始和传统媒体的运营者建立战略合作伙伴关系，共享传统媒体的优质人力资源和广告资源。这种相互融合的态势已经模糊了彼此之间的界限。

新媒体的出现使媒体家族更加兴旺发达，不同的媒体通过不同的传播途径到达受众。人类的历史可以说是一部创新史。只要有人存在，这种创新就不会停止，新媒体也就会不断涌现。因此，对新媒体的探讨，必将回归到对人本身的探讨，更具体地说，是对人的创新性的探讨。印刷术是人类手工艺史上的第一次机械化，是准确、重复地大批量生产的第一种形式。任何新媒介都是一个进化的过程，它为人类打开了通向感知和新型活动领域的大门。但必须指出的是，新媒体不会完全取代旧媒体，它只会使传统媒体承担新的角色，未来，新媒体将更多地与传统媒体在融合、互动中共同发展。

三、大数据和物联网应用更加广泛

国务院总理李克强在《政府工作报告》中提出，在“十三五”期间要促进大数据、云计算、物联网广泛应用。

李克强表示，创新是引领发展的第一动力，必须摆在国家发展全局的核心位置。要持续推动大众创业、万众创新，促进大数据、云计算、物联网广泛应用，加快建设质量强国、制造强国。数据显示，截至 2018 年 6 月，中国物联网整体市场规模高达 1.43 万亿，预计 2020 年中国物联网市场规模将突破 2 万亿。物联网的主要市场在于现有垂直行业的衍生，从汽车、家电、可穿戴设备，到交通、能源、工业 4.0，物联网几乎覆盖了所有行业。

车联网将成为下一个产业风口。作为物联网应用示范的首选，车联网在相关政策的大力推动下进入了快速发展阶段。资料显示，2017 年，中国汽车市场已经全面进入车联网时代。中国的汽车市场规模在 2018 年已接近 1.3 万亿，同比增长 20.6%，预计到 2022 年将达到 2.6 万亿。随着车联网驶入快车道，未来电子配件在汽车销量中的占比将会快速提高，大量的雷达、传感器、通信（GPS、DSRC、4G、5G）、摄像头、监控、检测、娱乐系统将被装载在汽车上。

同时，无人驾驶汽车将成为下一个智能终端，围绕智能汽车的投资机会也将层出不穷。传感器、高级驾驶辅助系统与高精导航地图将在未来受益。随着无人驾驶技术的发展,智能汽车产业将成为科技企业的焦点。

如果说物联网将万物相联,那么大数据就是这看不见的网上万物沟通交流的核心。数据显示,截至 2019 年 6 月 30 日,全球网民数量已达 44.22 亿人,同时有 250 亿个嵌入式和智能系统接入网络,由此产生的数据量超过 50 万亿 GB。"智能终端大量传感器联网将会产生数据'大爆炸',这些数据的存储、挖掘、实时处理,都需要依靠云计算。云计算能让数据发挥出价值,推动物联网的发展创新。"阿里云原总裁胡晓明表示,借助云计算和大数据的力量,今后所有物联网企业都能"算得快、算得准、算得起"。只有这样,中小企业才能加入创新队伍中来,让智能未来真正到来。

思考题

1. 如何从信息技术进步看待新媒体的发展历程?
2. 新媒体与传统媒体的区别有哪些?
3. 新媒体未来的发展趋势有哪些?

延伸阅读

1. 尼葛洛庞帝. 数字化生存[M]. 胡泳,范海燕,译. 海口:海南出版社,1997.
2. 麦克卢汉. 理解媒介:论人的延伸[M]. 何道宽,译. 南京:译林出版社,2019.
3. 波兹曼. 娱乐至死[M]. 章艳,译. 北京:中信出版社,2015.
4. 匡文波. 新媒体概论[M]. 3 版. 北京:中国人民大学出版社,2019.
5. 熊澄宇. 对新媒体未来的思考 [J]. 现代传播. 2011.
6. 龚菡,莫文广. 新媒体发展模式初探[J]. 中国广播电视学刊. 2007.
7. TANTA, IVAN. The level of credibility of traditional and new media in reporting on human rights Issues[J] . Collegium antropologicum. 2017.

第二章　新媒体形态

学习目标

- 了解新媒体的三种主要形态
- 掌握网络新媒体的概念和特性
- 了解手机新媒体的有关应用

第一节　网络新媒体

新媒体的种类很多，目前以网络新媒体、电视新媒体、手机新媒体为主。

一、网络新媒体的起源和发展

（一）互联网的起源和发展

互联网是网络与网络之间连接成的庞大网络，这些网络以一组通用协议相连，形成逻辑上的单一巨大国际网络。这种将计算机网络互相连接在一起的方法称作"网络互联"，在此基础上发展出覆盖全世界的互联网络结构。

从 20 世纪 60 年代起，美国高等研究计划局 ARPA（Advanced Research Projects Agency）提供经费，并联合计算机公司和大学共同研制 ARPAnet。该网于 1969 年投入使用，成为现代计算机网络诞生的标志。最初，ARPAnet 是用于军事研究目的。它主要是基于这样的指导思想：当网络的某一部分因遭受攻击而失去工作能力时，网络的其他部分应能维持正常的通信工作。ARPAnet 在技术上的重大贡献是 TCP/IP 协议簇的开发和利用。作为 Internet 的早期骨干网，ARPAnet 奠定了 Internet 存在和发展的基础，较好地解决了异种机网络互联的一系列理论和技术问题。

20 世纪 70 年代，ARPAnet 的设计思想被运用到大学和学术机构。

20 世纪 80 年代，美国经济因其传统工业(如钢铁、汽车、电视等)相继衰落而陷入低谷，美国政府强烈意识到网络技术发展的巨大潜力，极其重视互联网在产业和商业领域的推广和应用，政府机构也积极参与其中。1983 年，ARPAnet 分裂为两部分：ARPAnet 和纯军事用的 MILNET。

同时，局域网和广域网的产生和蓬勃发展对 Internet 的进一步发展起了重要的作用。其中最引人注目的是美国国家科学基金会 NSF(National Science Foundation)建立的 NSFnet。NSF 在全美建立了按地区划分的计算机广域网，并将这些地区网络和超级计算机中心互联起来。NSFnet 于 1990 年 6 月彻底取代 ARPAnet 成为 Internet 的主干网。

1992 年，由于上网用户的急剧增加，互联网协会 ISOC(Internet Society)应运而生，互联网商业化的呼声越来越高。由于互联网发展速度太快，使得 NSFnet 的容量达到极限，与此同时，由于商业机构的介入，私营公司纷纷投资组建 Internet 骨干网。1995 年，NSFnet 正式宣布停止运行，由三家私营公司接替了它的工作。至此，Internet 的商业化进程彻底完成，互联网开始大规模应用于商业领域。截至 1999 年年底，美国三分之二的家庭电脑与 Internet 连接，一半的美国人使用互联网，全美上网人数超过 1.1 亿。

中国从 1994 年开始联入互联网，1995 年出现商用 Internet 服务，起步虽然较晚，但发展极其迅速。据统计，我国的上网人数 1995 年年底不到 6000 人，1997 年年底便达到 67 万人。由于党和政府的高度重视，新闻舆论工具的强势推动，“政府上网”轰轰烈烈，1998 年年底我国的上网人数猛涨到 210 万；1999 年“企业上网”热火朝天，当年年底上网人数达到 890 万。2000 年，由于“百姓上网”工程的启动，民众上网的热情更是不断高涨。

2020 年 9 月 29 日，中国互联网络信息中心(CNNIC)在京发布第 46 次《中国互联网络发展状况统计报告》(以下简称《报告》)。《报告》显示，截至 2020 年 6 月，中国网民规模达到 9.40 亿，互联网普及率为 67%。

(二)网络新媒体的概念和特性

互联网的出现,不仅是一次技术革命,更是一次重要的社会革命。它将人们带入一个数字化的世界,是一种全新的媒体形式,具有独特的媒体特性。所谓"网络新媒体",就是借助互联网这个信息传播平台,以电脑、电视以及移动电话等为终端,以文字、声音、图像等形式来传播新闻信息的一种数字化、多媒体的传播媒介。

数字化。网络新媒体是真正的数字化媒体。数字化是互联网媒体存在的前提。就像原子是构成物质世界的基本单元一样,比特是构成信息世界的基本单元。在互联网上,无论是文字、图像,还是声音,归根到底都是通过"0"和"1"这两个数字信号的不同组合来表达的。这使得信息第一次不仅在内容上,而且在形式上获得了同一性。数字化的革命意义不仅是便于复制和传送,更重要的是方便不同形式的信息之间的相互转换,如将文字转换为声音。

全球性。就范围而言,与传统媒体的传播相比,网络传播的范围更广,具有全球性。这种全球性实际上也表明网络传播具有一种开放性特征。

这种"全球性"并不是一个政治口号,而是有技术保证的。互联网的结构是按照"包切换"的方式连接的分布式网络。因此在技术的层面上,互联网不存在中央控制的问题。也就是说,不可能存在某一个国家或者某一个利益集团通过某种技术手段来完全控制互联网的问题。反过来,人们也无法把互联网封闭在一个国家之内——除非这个国家不打算建立互联网,而是要建立别的什么网络。

网络新媒体是一种名副其实的全球化传播媒体。其全球化特征主要体现在传受双方,即信息传播的全球化和信息接收的全球化。网络新媒体打破了传统媒体的传播范围多限本地、本国的束缚,受众遍及全世界。

实时性。网络新媒体传播速度快捷,信息来源广泛,制作发布信息简便。因此,网络新媒体可以随时发布新闻,在新闻传播上,表现出一种实时传播的特征。尤其是在报道突发性事件和持续发展的新闻事件时,网络信息传播速度很快,具有很强的时效性。网络新媒体的"刷新"功能比传统媒体的"滚动播出"更胜一筹。

交互性。交互性是指网络新媒体带来了传受双方的双向互动传播。自从互联网出现后,公众与媒介的传受地位发生了重大变化,尼葛洛庞帝对这种变化有详细而形象的描述:数字化会改变大众传播媒体的本质,"推"(pushing)送内容给人们的过程将变为允许大家"拉"(pulling)出想要的内容的过程。这是一个剧烈的变化,因为我们以往媒体的概念是,通过层层的过滤之后,把信息和娱乐简化为一套"要闻"或"畅销书",再抛给不同的受众。由"推"到"拉"不仅仅是一个动作的变化,更重要的是它把网络变成一个世界范围的"信息超级市场",网民在其中可按自己意愿各取所需。

信息量巨大、可存储、易复制、易检索。网络新媒体在信息传输量上具有无限的丰富性;在信息形态上具有纷繁的多样性。报纸、广播、电视在单位时间(节目)和空间(版面)中传播的信息都是有限的,而互联网媒体贮存和发布的信息容量巨大,可以说是"海量信息"。

尼葛洛庞帝指出:信息社会,其基本要素不是原子,而是比特。比特与原子遵循着完全不同的法则。比特没有重量,易于复制,可以以极快的速度传播。在它传播时,时空障碍完全消失。网络新媒体通过超文本链接的方式,将无限丰富的信息加以贮存和发布,网民可以很方便地输入关键词进行资料检索。

二、网络新媒体的使用现状

在文明历史的长河中,先进生产力总要顽强地表现自己,在其发展的过程中必然要为自己开辟一条道路,任何时代都不例外。社会进步本质上是由先进的生产力推动的,文化也是这样。由于高新技术这样一个强大的力量的推动,我们国家的新媒体发展已初具规模,主要表现为以下几个方面。

第一,新媒体的技术支撑体系已经比较成熟,这是我国新媒体发展的先决条件。新媒体是一种传播方式,我们不能将传播方式、载体和内容混为一谈。传播内容没变,新媒体改变的只是传播方式。从全世界范围内来看,新媒体技术已经完全成熟,计算机成为新媒体传播的中心环节,互联网成为基本载体,光电传导、电子纸日趋成熟。我国新媒体传播的硬件技术和支持条件也已经成熟,特别是在通信领域,技术上不但与国际发展水平相当,甚至有几十项技术能够领先于国外发达国家。

第二,使用新媒体的受众越来越多。在国家新闻出版署进行的阅读调查中,阅读传统出版物的人数以每年12%的速度下降,而阅读新媒体的人数则以30%的速度增长,特别是年轻人和知识分子人群表现得尤为明显,他们正是出版物市场消费的主力军。过去人们读书、看报的时间，现在已经大量转移到网络阅读上。这些事实都说明新媒体已经被读者、观众和听众所接受，人们的阅读、学习习惯已经发生很大的转变。

新媒体的应用已经相当普及。根据《报告》的数据，网上外卖、在线教育、网约车、在线医疗等数字服务蓬勃发展，用户规模分别达 4.09 亿、3.81 亿、3.40 亿和 2.76 亿，占网民整体的比例分别为43.5％、40.5％、36.2％和 29.4％。互联网在满足网民需求的同时也为服务业的数字化发展提供了助力。

第三，国家十分重视新媒体公共平台的建设，这是发展新媒体非常有利的因素。我国已经在新媒体方面采取了重要的措施，国家正在着力搭建新媒体平台，组织实施重大工程推动广播、电视、出版、数字出版等新媒体平台的建设。

中国自 1994 年接入互联网之后，众多新闻媒体也开始关注并介入网络，许多新闻媒体开始发展自己的网络版或电子版。1995 年 1 月 12 日，《神州学人》杂志开中国出版刊物上网之先河；1995 年 10 月 20 日，《中国贸易报》首先开通网络版，成为新闻上网的先行者；1996 年 10 月广东人民广播电台建立自己的网站；1996 年 12 月中央电视台建立自己的网站以及中国新闻社香港分社的上网，标志着中国新闻媒体的网络化进程迈向新的阶段。

目前，中国网络新闻媒体大体有三种模式：

第一种是《人民日报》网络版模式，即传统媒体的网络版模式。这一模式开始只是简单地把传统媒体上的内容复制到互联网上，很少顾及互联网自身的特性。现在这方面有了很大改观，其中一个表现就是尽可能地摘掉“网络版”的帽子，如《人民日报》网络版现改称为“人民网”，新华社网络版改称为“新华网”等。这代表了单一的传统新闻媒体寻找网络化发展进程中的途径与规律的模式。

第二种是千龙网模式，即以千龙网、上海东方网为代表的网络新闻传播媒体。这类互联网媒体依托于地方传统媒体，并试图按现代企业的规则运营。

第三种是新浪网模式，即以新浪网为代表的综合性商业网站。这类网站有发布新闻的权利，是网络新闻传播媒体。这类网站在我国网络媒体的发展中表现引人注目。

以下这些比较热门的与人们的生活、工作几乎不可分割的都是新媒体家族的成员：博客、播客、搜索引擎、简易聚合（RSS）、电子邮箱、网站、网络杂志、网络报纸、移动多媒体(手机游戏、手机电视、手机电台、手机报纸)、数字电视、直播卫星电视、移动电视、网络电视、电线上网、楼宇视屏(各种大屏幕)、网络即时通信群组、对话链、虚拟社区、社交化媒体、网络直播,等等。

三、网络新媒体的典型应用

(一)微博

微博是一个基于用户关系的信息分享、传播以及获取平台,用户可以通过WEB、WAP以及各种客户端组建个人社区,以140字左右的文字更新信息,并实现即时分享。

微博是Web3.0时代兴起的一类开放式社交服务。最早也是最著名的微博是美国的Twitter。Twitter最初计划是在手机上使用的,所有的Twitter消息都被限制在140个字符之内,因此每一条消息都可以作为一条SMS短消息发送,这也是Twitter的迷人之处。Twitter对于组织严密的小组来说非常有用(尽管Twitter上存在着数量相当大的乌合之众)。假如你在Twitter中输入一段文字,它可以是私有的,只有当你的朋友获得你的允许才能查看;也可以是公开的,所有知道你Twitter ID的人都可以查看你发布的消息。另外还有很重要的一点就是,Twitter是完全免费的。

2009年8月,中国门户网站新浪网推出"新浪微博"内测版,成为门户网站中第一家提供微博服务的门户网站,微博正式进入中文上网主流人群视野。随着微博在网民中的日益火热,在微博中诞生的各种网络热词也迅速走红,微博效应逐渐形成。

2019年8月19日,微博发布2019年第二季度财报。截至2019年6月,微博月活跃用户数为4.86亿,较上年同期净增约5500万。商业化方面,2019年第二季度净营收4.318亿美元,较上年同期的4.266亿美元增长1%。

(二)SNS

SNS(Social Network Site),即社交网站。它是一种基于社会性网络关系系统思想的网站。现在许多Web2.0网站都属于SNS网站,如网络聊天、交友、视频分享、博客、播客、网络社区、音乐共享等。社会性网络的理论基础源于六度分割理论(Six Degrees of Separation)和 150 法则(Rule of 150)。

目前世界知名的社交网络服务网站有 Facebook、Myspace 等。

1. 国外 SNS 网站

Facebook,又称"脸书",是目前世界上最大的 SNS 网站,于 2004 年 2 月 4 日上线。起初其用户注册只限于哈佛大学和其他几所美国著名高校的学生,在随后的几年里逐渐扩大到几乎所有大学、高中以及公司人员。2007 年,Facebook 推出了开放平台(Open API),引爆了新一轮的用户增长。2008 年,Facebook 全球独立用户总量首次超过 Myspace,达到 1.239 亿。同年 6 月,Facebook 推出了简体和繁体中文版。

截至 2018 年 12 月,Facebook 日活跃用户人数为 15.2 亿人,比上年同期增长 9%;月活跃用户人数为 23.2 亿人,比上年同期增长 9%。Facebook2019 财年第二季度财报显示,公司第二季度营收为 168.86 亿美元,净利润为 26.16 亿美元。

2019 年 7 月,全球上市互联网公司 30 强榜单发布,Facebook 排名第 4 位。

2. 国内 SNS 网站

人人网,曾是中国大学生市场上具有垄断地位的校园网站,它给大学生提供了全方位互动交流的平台,有发布日志、保存相册、音乐视频等站内外资源分享功能。人人网刚建立的时候一个最重要的特点是仅允许具有特定大学 IP 地址或者大学电子邮箱的用户注册,这样就保证了注册用户绝大多数都是在校大学生,用户质量高。该网站鼓励大学生用户实名注册,上传真实照片,让大学生在网络上体验到现实生活的乐趣。2008 年,人人网推出开放平台战略,和大量的第三方网络公司、编程爱好者合作,开发了大批网页版应用程序和游戏,推动中国互联网往平台化方向的发展。

但是,人人网的发展并不顺利。从早期的页游、电商,到之后的图片社交、直播、短视频,人人网一直在寻找自己的发展方向,却始终没能完成突围。

2018 年 11 月,人人公司宣布,其全资子公司北京千橡网景科技发展有限公司已同意将人人网及相关业务的有形和无形资产,以 2000 万美元现金价格出售给北京多牛互动传媒股份有限公司。

(三)BBS

BBS(Bulletin Board System)翻译为“电子布告栏系统”或“电子公告板系统”,国内一般称作网络论坛。BBS是一种电子信息服务系统,每个用户都可以在上面发布信息或提出看法。

BBS最初是为了给计算机爱好者提供一个互相交流的地方。20世纪70年代后期,计算机用户数量很少且用户之间相距很远。因此,BBS(当时全世界一共不到一百个站点)提供了一个简单方便的交流方式,用户通过BBS可以交换软件和信息。到今天,BBS的用户已经扩展到各行各业,除原先的计算机爱好者外,商用BBS操作者、环境组织、宗教组织及其他利益团体也加入了这个行列。只要浏览一下世界各地的BBS系统,你会发现它就像地方电视台一样,种类非常多。

BBS一般由站长(创始人、超级管理员)创建,并设立各级管理人员对论坛进行管理,包括论坛管理员、超级版主(有的称“总版主”)、版主(俗称“斑猪”“斑竹”)。超级版主拥有仅低于站长的第二权限,可以管理所有的论坛版块(普通版主只能管理特定的版块)。

中国BBS界在Firebird BBS基础上发展出SmthBBS、YthtBBS、LilyBBS等,提供丰富的Web方式访问,如发文、传送即时消息与信件等。而一些管理操作,如“版面管理”“个人文集”则仍然限定为Telnet访问。客户端的Telnet软件也发展出很多便于操作的功能,如鼠标响应、URL识别、图片预览、文章自动下载、自定义脚本等。

由于网络的发达,如今,BBS被更广泛地用于企业和项目管理当中。通过BBS,人们可以在工作中及时查询信息和工作情况的变动,大大提高了工作效率。BBS不仅优化了基本功能,还提供与邮件紧密联系的高级服务。通过设置,不论组内组外都能成为BBS的共享者,如同手机一样。BBS的Web系统除了有电子公告板的专业系统,如EasyBBS,还有包含电子公告板功能的TeamOffice,都被普遍应用在不同的行业当中。

但是,因为微信等社交化媒体的发展,BBS论坛受到的冲击比较大。校园BBS论坛、天涯社区、猫扑等曾经的辉煌已不再。

(四)博客

博客(Blog)是一个网页,通常由简短且经常更新的帖子(Post)构成,这些帖子一般是按照年份和日期倒序排列的。博客的内容既可以是纯粹个人的想法和心得,也可以是一群人集体创作的内容。它是私密性和公共性的有效结合,所提供的内容可以用来交流和为他人提供帮助,具有较高的共享精神和价值。

第二节　电视新媒体

电视虽然是20世纪的产物,但是随着技术的进步,电视在新媒体时代也有着不同的使命和全新的发展。

电视新媒体是建立在数字电视基础上的新媒体,主要包括数字电视、IPTV、移动电视与户外新媒体等。

一、数字电视

数字电视是指从演播室到发射、传输、接收的所有环节都是使用数字电视信号或该系统的所有信号都是通过由0、1数字串构成的二进制数字流来传播的电视类型。与模拟电视相比,数字电视的信号损失小,接收效果好,图像质量高,节目容量大(是模拟电视传输通道节目容量的10倍以上),伴音效果好。

数字电视可以按以下几种方式分类:

(1)信号传输

数字电视按照信号传输方式的不同,可以分为地面无线传输、卫星传输、有线传输。

(2)屏幕幅型

数字电视按照显示屏幕幅型的不同,可以分为4∶3幅型比和16∶9幅型比两种类型。

(3)扫描线数

数字电视按照扫描线数不同,可以分为HDTV扫描线数和SDTV扫描线数等。

(4)清晰度

数字电视按照清晰度不同,可以分为低清晰度数字电视、标准清晰度数字电视、高清晰度数字电视。

数字电视技术与模拟电视技术相比,具有如下优点:

第一,信噪比高,抗干扰能力强,并具有信源纠错能力,信噪比不会因处理信号的次数增加而下降。数字电视信号是二进制(高或低电平)的编码数据流,信息分量隐藏在编码方式之中,加之使用纠错编、解码技术,因此具有很强的抗干扰能力。

第二,利用数字信号的行、帧、多帧存储器,能对信号进行各种时基校正,还可对信号进行一维、二维甚至包括帧间在内的三维图像处理或变换。

第三,利用数字信息处理技术,可实现设备的自动控制和调整,使设备的功能智能化。

第四,可减少系统非线性失真对信号的影响。图像清晰度高、色彩逼真、无串色,不会产生信号的非线性失真和相位失真。

第五,信号传输的稳定性强、可靠性高。因数字信号只有 0、1 两个电平,电平的幅度大小只要能使处理电路识别出是 0、1 电平即可,高或低一点对信号质量无影响,使接收端"无差错接收"的概率大,可保证高品质的电视图像和伴音。

第六,数字电视的信号传输可实现时分多路,充分利用信道容量,利用数字电视信号中场消隐时间来实现图文信息传送。

第七,可以合理地利用各种类型的频谱资源。采用"单频率网络"技术,数字电视节目仅用同一个数字电视频道即可覆盖全国,用数字传输方式可大大节省频道资源,提高经济效益。

第八,可实现多种业务的"动态组合"。在数字电视节目中,当图像细节较少时,压缩后的图像数据量也较少,此时可插入如电视节目指南、传真、电子游戏等其他业务。

第九,容易实现加密/解密、加扰/解扰技术,便于专业应用(包括军用)的保密以及广播应用的有偿服务(特别是开展各类收费业务)。

第十,数字电视改变了观众收看电视节目的形式,从被动收看到主动收看。它集电视、收音、音响、上网、可视电话等多功能于一身,是一个多媒体家庭平台。

二、IPTV

电视新媒体中现下最为受关注的是IPTV(Internet Protocol Television)，即网络交互电视，一般是指通过互联网，特别是宽带互联网传播视频节目的服务形式。

IPTV是用宽带网络作为介质传送电视信息的一种系统。由于需要使用网络，IPTV供应商通常会一并提供连接互联网及IP电话等相关服务，也可称为“三重服务”或“三合一服务”。

传统意义上的IPTV主要功能有直播、点播、回看、时移电视、个人本地节目录制、个人网络节目录制、在线游戏等。而跟IMS网络结合后的IMS Based IPTV可以实现来电显示、IM聊天、短信接发、视频聊天、视频监控、电视购物、电子地图、电视互动等功能。

互动性是IPTV的重要特征之一。IPTV用户不再是被动的信息接收者，而是可以根据需要有选择地收视节目内容。用户在家中就可以通过计算机、网络机顶盒＋普通电视机、移动终端(如iPad、iPhone等)多种方式使用IPTV。

IPTV能够很好地适应当今网络飞速发展的趋势，充分有效地利用网络资源。IPTV以家用电视机作为主要终端，通过互联网络协议来提供包括电视节目在内的多种数字媒体服务。其特点表现在：

第一，用户可以得到高质量的数字媒体服务。

第二，用户可以自由地选择视频节目。

第三，实现了媒体提供者和消费者的实质性互动。IPTV采用的播放平台是新一代家庭数字媒体终端的典型代表，它能根据用户的选择配置多种多媒体服务功能，包括数字电视节目、可视电话、互联网游览、电子邮件以及多种在线信息咨询、娱乐、教育及商务功能。

第四，为网络公司和节目提供商提供了广阔的新兴市场。

当前，中国通信事业正在迅猛发展，用户对信息服务的要求越来越高，特别是宽带视频信息。中国已具备大力发展IPTV的技术条件和市场条件。

三、移动电视

移动电视一般是指在公共汽车、轨道交通工具等可移动物体内通过电视终端以接收无线信号的形式收看电视节目的一种技术或应用。只要以移动方式收看电视节目的技术或应用都可以纳入移动电视范畴。

移动电视采用世界上先进的数字电视广播技术,通过无线数字电视信号发射、地面接收的方式进行电视和广播节目同步转播。在移动电视信号覆盖范围内,用户只要安装接收机,通过天线就可以接收电视节目。

根据接收终端的不同,移动电视大致可以分为三种类型:

一是“随车看”的车载接收机。在公交车、出租车、私家车等交通工具上安装机顶盒就可以收看数字电视节目。

二是“随身看”的手持接收机。旅行外出的用户,通过手机就可以收看数字电视节目。

三是“随处看”的家庭接收机。在流动人群密集的场所,如广场、楼宇、机场、医院、超市、银行、加油站等公共场所也可以收看数字电视节目。

目前,移动电视已经在各种城市交通工具及手机等移动载体上得到广泛应用,其中以车载移动电视和手机移动电视最为常见。车载移动电视和手机移动电视两者的工作原理基本一致,其区别在于接收终端不同。

移动电视具有覆盖广泛、反应迅速、移动性能强等优点,同时还具备城市应急信息发布的功能。其最大的特点是在处于移动状态、时速不超过 120 公里的交通工具或通信工具上,能保持电视信号的稳定,且清晰度高、音响效果好,让人们实现了无论何时何地都可以像在家里一样看电视的梦想。此外,类似多媒体通信,移动电视还可以进行交互式操作,如进行互联网接入、VOD 点播和网络游戏等,因此在很大程度上它又是一种全新的宽带通信传播媒体。

四、户外新媒体

“户外新媒体”这个概念需要从两个方面来理解:

一方面,传统上人们把室外的媒体统称为户外媒体,但随着人们生活空间的扩展以及生活方式的不断发展,电梯间、地铁、超市、医院、商场、机场内,灯箱、海报、LCD、LED 等各种形式的媒体无处不在。虽然它们不是在真正的户外,但它们在工程安装、形式种类、效果评估等方面都与传统户外媒体有着高度的一致性。因此这些媒体也涵盖在户外媒体的范畴里。

另一方面，户外新媒体是指安放在人们一般能直接看到的公共场所的数字电视等新媒体，形态有别于传统的户外媒体形式（广告牌、灯箱、车体等），比如公交、航空、地铁、轻轨等，同时也包括这些交通工具对应的场所，如航空港、地铁（轻轨）站、公交站内衍生的渠道媒体——LED彩色显示屏、视频等，其内容主要是广告。

在大城市，户外传统媒体正在逐步被户外视频、LED等新媒体所取代。数据显示，户外广告的增长主要是来自户外视频、LED、LCD、户外电子阅报栏、户外触摸查询机。2018年上半年全国户外广告刊例花费达761.113亿元，而传统户外广告下滑明显，收入减少14.2%。盟诺公司预测，中国户外广告支出会继续增长，其中户外新媒体将增长20%并达到户外广告总支出的25%。在美国户外广告市场中，户外视频、LED占据了绝大部分份额，而且从各种形态的广告收入增长来看，户外视频广告的增速也越来越快。

第三节　手机新媒体

一、手机新媒体概述

（一）手机新媒体的概念

手机新媒体是以手机为视听终端、手机上网为平台的个性化信息传播载体，它是以分众为传播目标，以定向为传播效果，以互动为传播应用的大众传播媒介，被公认为是继报刊、广播、电视、互联网之后的"第五媒体"。

手机新媒体是借助手机进行信息传播的工具，是网络媒体的延伸。人们通过手机不仅可以通话，还可以上网阅读新闻、收发邮件、游戏娱乐、订购商品与服务，等等。可以说，手机已经成为"迷你型电脑"。手机新媒体除了具有网络传播的各种优势外，还具有携带方便的特点，是能随时随地使用的新媒体。

（二）手机新媒体的特征

便携性。现在的移动智能手机灵活小巧、易于携带，很大程度上利用了人们的闲散时间，使人们能随时随地浏览自己想要的信息或者满足自己休闲娱乐的需求。

时效性。手机的时效性强这一优势可以说是由它的便携性以及网络技术的支持所赋予的。手机的小巧便捷使得它在新闻报道过程中显现出巨大的优势。它可以由任何人对事件进行记录,在专业记者和专业设备没有抵达的时候,率先记录事情的发展过程,及时发布信息并为日后的专业化报道提供资料。

互动性。在手机上,受众可以通过网络自由选择发布信息,受众既是信息的传播者,也是信息的接收者。受众用手机上网的方式来表达自己的意愿,改变了原先的传播模式,把受众的主动性充分地发挥、释放出来,双方互为信息传播的主体。

分众化传播效果佳。手机是能够满足受众碎片化需求的个性化媒体。由于手机号码的实名制使得一部手机终端就能代表一个受众,各大运营商和服务提供商可以通过手机用户的性别、年龄、手机月消费支出的记录大致推算出手机用户的服务需求,定向地向手机用户推介信息和服务。同时,手机用户也可以根据自己的喜好来订阅某种信息和服务,由于这些信息和服务正是用户想要的,所以信息和服务的传播也具有事半功倍的效果。

(三)手机技术演进及其标准

1.3G 手机

3G 手机是基于移动互联网技术的终端设备,是通信业和计算机工业融合的产物。3G 手机除了能完成高质量的日常通信外,还能进行多媒体通信。用户可以在 3G 手机的触摸显示屏上直接写字、绘图,并将其传送给另一台手机或电脑,也可以用 3G 手机上网,查看电子邮件或浏览网页。3G 手机曾经是我国手机市场用户的主要选择,现已被 4G 手机取代。

2.4G 手机

4G 是第四代移动通信技术的简称。该技术包括 TD-LTE 和 FDD-LTE 两种制式。4G 集 3G 与 WLAN 于一体,能够快速传输数据,包括高质量的音视频和图像等。4G 通信理论上能达到 100Mbps 的传输速率,在通信带宽上比 3G 网络的蜂窝系统高出许多。每个 4G 信道占有 100MHz 的频谱,相当于 W-CDMA 3G 网络的 20 倍。4G 手机目前是我国市场上的主流手机。

3.5G 手机

从 2013 年开始，工信部、发改委和科技部联合推动成立了 IMT-2020（5G）推进组，从国家层面，统一组织运营商和设备厂商，全面推进 5G 研发、国际合作和融合创新发展，这是我国推进 5G 建设的一个标志性起点。在 2018 上海世界移动大会上，中国联通、中国移动和中国电信三大运营商亮出了时间表：计划到 2020 年，实现 5G 网络正式商用。

5G 网络的峰值速度比 4G 高 20 倍。然而，这些只是 5G 最基础的本领，5G 更大的“威力”，在于它的低时延特性。4G 网络下，终端到基站的时延一般为 5 毫秒，终端到服务器的时延为 50～100 毫秒。5G 网络下，终端到基站的时延可降低到 1 毫秒，终端到服务器可降低到 10 毫秒。

2018 年 6 月，3GPP 批准了第五代移动通信技术标准（5GNR）独立组网功能冻结，加上此前的非独立组网 NR 标准，5G 第一阶段标准工作已宣告完成。这标志着首个真正完整意义的国际 5G 标准正式出炉。SA（独立组网）相对于 NSA（非独立组网）存在，其引入的新功能也是 5G 区别于 4G 的一个重要特征。NSA 模式是只建 5G 基站，不建 5G 核心网，不能做到终端到终端直达的 5G 网络，信号传输要经过的路径多，时延也很长，不能很好地支持网络切片、边缘计算等 5G 的技术特征。而在 SA 独立组网模式下，5G 的基站连接 5G 核心网，可通过核心网下沉部署到基站侧，使传输信号经过的路径减少，可以直接从基站侧到达业务服务器。在已冻结的 SA 方案里，有一个重要的 SBA（服务化架构），这个架构就是以中国为主导提出的。如果说 3G 时代中国是在追着跑，4G 时代是在齐头并进跑，那么到了 5G 时代，中国正力争成为领跑者之一。

二、手机新媒体的应用

手机新媒体人性化传播的特点代表着未来新媒体的发展方向。随着 4G、5G 技术的普及，手机电视、手机报纸、手机游戏、社交化应用等功能竞争将越来越激烈。

（一）手机电视

手机电视，指以手机等便携式手持终端为设备，传播视听内容的一项技术或应用。手机电视具有电视媒体的直观性、广播媒体的便携性、报纸媒体的滞留性以及网络媒体的交互性。手机电视不仅能够提供传统的音视频节目,还可以方便地完成交互功能,适合于多媒体增值业务的开展。

目前手机电视主要有中国移动多媒体广播 CMMB(China Mobile Multimedia Broadcasting)、专业视频网站(如腾讯视频、爱奇艺等)。其中,CMMB 因为用的是无线广播电视网的广播式传输方式,所以不会产生任何流量费,与传统的流媒体电视有本质的不同,具有交互性好、互动性强等优点。

(二)手机报纸

手机报纸是依托手机媒介,由报纸、移动通信商和网络运营商联手搭建的信息传播平台,用户可通过手机浏览当天发生的新闻。

手机报纸有两种模式:一种是彩信手机报模式。这种模式类似于传统纸媒,就是报纸通过电信运营商将新闻以彩信的方式发送到手机终端上,用户可以离线观看。另一种是 WAP 网站浏览模式。这种模式是手机报订阅用户通过访问手机报的 WAP 网站,在线浏览信息,类似于上网浏览的方式。

目前,由于头条类聚合新闻业务的产生,手机报纸业务市场下滑明显,使用者寥寥无几。

(三)手机游戏

手机游戏是指运行于手机上的游戏应用程序。

作为运行于手持设备上的应用程序,手机的硬件特征决定了手机游戏的特点。由于手机便携、互动性强,可利用人们的碎片化时间,手机游戏发展迅猛。据中国互联网络信息中心数据,2020 年中国手机游戏市场收入有望突破 2000 亿元。

(四)社交化应用

随着微信、微博等移动社交化业务的开展和深入,手机作为第五媒体,发挥的社会化功能越来越明显,社交化应用也越来越广泛。

思考题

1. 新媒体有哪些主要形态？

2. 网络新媒体的主要特性是什么？

3. 请简述电视新媒体的发展趋势。

延伸阅读

1. 石磊. 新媒体概论［M］. 北京：中国传媒大学出版社，2009.

2. 陈力丹. 世界新闻传播史［M］. 上海：上海交通大学，2007.

3. 彭兰. “新媒体”概念界定的三条线索［J］. 新闻与传播研究，2007.

4. 熊澄宇，吕宇翔，张铮. 中国新媒体与传媒改革：1978—2008［J］. 清华大学学报（哲学社会科学版），2010.

第三章　新媒体技术

学习目标

- 掌握新媒体技术的概念、特征
- 了解新媒体技术发展历程
- 了解新媒体的四大基础技术
- 了解新媒体在各个领域的应用
- 了解前沿的新媒体技术及其对传媒业的影响

第一节　新媒体技术概述

一、新媒体技术的概念

以计算机为工具,以现代数字通信为手段,以网络交换为传播形态,以此构成对信息内容进行采集、加工、处理、应答、传输和显示全过程,并应用于大众传播业的技术即新媒体技术。

根据现有新媒体技术成果,新媒体技术主要研究与媒体信息的获取、处理、传播、输出等相关理论和方法,包含新媒体信息(文字、图形、图像、声音和视频)处理技术,新媒体信息传输技术(计算机网络及 Internet 技术),新媒体移动技术,新媒体信息显示、发布与搜索技术,新媒体信息管理与安全技术,云计算、物联网、LBS、虚拟现实与大数据技术等。

二、新媒体技术的特征

最早关于新媒体的言论是马歇尔·麦克卢汉在芝加哥参加全美高等教育学会会议发表《电子革命:新媒体的革命影响》演讲时提出来的。他宣称:“媒介即信息,当社会靠集体行动开发出一种新媒介时,它就赢得了表达新信息的权利。”当时的新媒体还是电报、广播等媒体技术。

而如今的新媒体形态已经多样化,主要技术可以归为三大类:数字技术、互联网技术和移动通信技术。

新媒体技术也相应地具有以下特征:

(一)传播快捷性

新媒体传播的快捷性使信息的传播效率达到最优化。随着移动通信技术的发展,从最初的模拟信号到现在的5G信号,发展极为迅速。尤其是5G通信技术,具有速度快、低时延、万物互联等基本特征。其主要优势在于,数据传输速率远远高于以前的蜂窝网络,最高可达10Gbit/s,比当前的有线互联网还要快。

信息传播速度发生革命性变革,大大减少了信息在传播过程中需要的时间,提高了传播效率,打破了时间和空间的界限,使接收者能够及时地了解信息的最新发展动态,发表自己的意见。新媒体传播的快捷性,有助于信息在全世界范围内快速地传递,避免局部地区的闭塞而导致的信息重复浪费,实现了真正意义上的全球信息共享。

(二)传播交互性

信息传播的交互性是新媒体技术区别于传统媒介的独有特色。信息在传播中不仅是单向发布和传播,也可以反馈和逆向交流,增加了传播的个性化和互动性,提高了传播效率。每个信息参与者,不论是发布者、传播者,还是接收者,都可以对内容进行控制,可以自由地选择信息交流的时间、内容和方式。比如在微博、微信等信息交互系统中,信息的接收者不但能及时地向信息发布者反馈自己的见解和意见,还可以跟系统内的信息使用者进行讨论和交流,达到信息的双向传输。

(三)大容量存储

新媒体技术使信息在存储方式上有很强的优势。传统的信息存储以纸张为载体,这样的存储不仅容量有限、空间占有率高,而且纸张的维护难度很大,使得信息的存储成本很高,存储的数量却不多。而以数字技术为基础的新媒体,存储空间是无限的,而且成本也相对较低。互联网技术、云计算技术等实现了信息传播容量上的无限扩充性,人们可以通过互联网、云端存储进行大容量的信息存储与传播。新媒体技术使传播从传统的一点对多点演变为多点对多点,跨越了国家、社群、行业的界限,使传播的渗透能力大大增强。

(四)内容多媒体化

与传统媒体相比,新媒体在传播内容方面更为丰富,文字、图像、声音、视频等多媒体化成为一种趋势。跨越了传统媒体(电视、广播、报纸)之间的界限,集多种媒体元素于一身。同时,全息技术、VR 技术等新媒体技术的应用使传播内容更加立体、全面、真实。

(五)超高清显示

新媒体技术同样在终端应用得到突破。一是终端形式多样,二是传播内容达到了高清、超高清显示。如影院如果采用 4096×2160 分辨率,无论在影院的哪个位置,观众都可以清楚地看到画面的每一个细节。手机视频更是有高清、超高清、4K 等画质可以选择,带给受众更适合自己的观影体验。

国际电信联盟(International Telecommunication Union,ITU)于 2012 年 8 月 23 日发布了超高清电视(Ultra HDTV)的国际标准。该标准对超高清电视的分辨率、色彩空间、帧率、色彩编码等进行了规范,更加有利于新媒体高清技术的普及和推广。

三、新媒体技术发展历程

技术是媒体变革的推动力,回顾媒介发展史,特别是短短几十年的网络发展史,我们不难发现:信息技术的发展对新媒体(特别是新媒体形态)起着决定性的推动作用。

(一)肢体语言——人类传播的最初形态

早期“媒介”还不能被视为真正意义上的媒介。因为早期传播主要是通过人体器官(触觉、嗅觉)、手势、面部表情、动作、物体、简单图形以及发出原始的声音和模拟的声音向别人传递信息。直至语言产生,才出现了第一种媒介形态。因此,早期媒介并不完整,并不依赖语言进行传播,是最原始的传播形式。

(二)“文字+印刷”——人类传播的文明时代

文字的出现,使得人类传播进入了一个全新的时代,也可以说,直到这一阶段,人类传播才进入了文明时代。随着纸张和活字印刷术的发明,人类传播的印刷时代到来。

纸张在西方的演变进程是泥版书→纸莎草→羊皮卷→纸张,在我国的演变进程是龟甲→青铜→玉石→竹简→纸张。从这个意义上来说,纸张的演变过程就是技术的飞跃发展过程。

如果说纸张作为媒介传播从一定意义上已经符合现代传播的基本要义,那么在此基础上的活字印刷就是信息从小众到大众不可或缺的技术关键。虽然很多西方人认为活字印刷是德国人古登堡在1450年发明的,但其实早在中国宋仁宗庆历年间(公元1041—1048),平民发明家毕昇就发明了活字印刷。

印刷时代的到来导致书面语言逐渐标准化,促进报纸媒介的迅猛发展,同时也带来了文化的迅猛传播,扩大了信息接收的时空范围。现代报刊是新技术革命以来的第一种载体,最早出现于欧洲,然后缓慢地推向全世界。

(三)无线电技术——新媒体传播的重新定位

20世纪20年代早期,由于一种新的和强大得多的无线电技术的发明,使得媒体传播被重新定位,收音机、电视机逐渐走进千家万户。

新媒体传播正式进入技术引领的时代。

(四)从数字信号到融合媒体

20世纪末,新媒体技术的基础——计算机网络诞生。进入21世纪后,随着科学技术的日新月异,计算机网络又进入了一个新的时代——新媒体时代。此时,在电子、数字信息环境下,媒介的概念完全不同了,不再需要纸张和墨水了。语言和形象,甚至声音都可以存在于无形的电子空间内或一个个数字字节里。这里每一个数据都可以无限变化、重新塑造和流动。新媒体时代,网页和以智能手机为代表的智能终端承载着多样的、丰富的应用和产品,丰富着人们的生活。网络电视、网络视频、QQ、微信、网络银行、电子商务早已普及,人们的娱乐和获取信息的方式也由原来的广播、报纸、电视逐渐转移到网络,从而迎来了网络发展的鼎盛时期。特别是随着智能终端的普及,新媒体进入了移动时代,功能丰富的各类应用程序成为新的媒体承载平台。

回顾人类近代传播史,从报纸到广播,从电影到电视,从网络到智能手机,每一次传播技术的变革都会带来所谓新媒体。

目前,人们所指的新媒体也是一个相对的概念,是报刊、广播、电视等传统媒体以后发展起来的新的媒体形态,包括网络媒体、手机媒体、数字电视等。同时,新媒体亦是一个宽泛的概念,指数字技术、网络技术通过互联网、宽带局域网、无线通信网、卫星等渠道,以计算机、手机、数字电视机等终端,向用户提供信息和娱乐服务的传播形态。因此,严格地说,目前的新媒体应该称为数字化新媒体。数字化新媒体已成为当前社会中最新也是最广泛的信息载体,几乎渗透到人们生活与工作的方方面面。

新媒体技术作为一种新兴技术、一种新兴产业正越来越得到各方面的重视,甚至被誉为经济发展的新引擎。新媒体不仅包括纯粹的数字化内容,还涵盖为内容提供支持的各类理论、技术与硬件。新媒体技术为新媒体内容产业发展提供了坚实的技术支持,而新媒体内容产业的迅猛发展又进一步促进了新媒体技术的应用、提高与创新。

四、新媒体技术的影响

新媒体技术的迅速发展及其复杂性为社会生活带来的冲击是多方面的。

首先,新媒体技术改变了受众的媒介习惯,使受众的主体意识增强。网络传播打破了传统大众媒介的单向传播模式,从而使信息传播有了双向交互和"一对一"的特点。在网络传播中,受众不是被动地接收信息,而是主动地发现信息、选择信息、处理信息。这就彻底改变了受众被动接收的习惯,同时使传者和受者之间的关系发生了根本的变化。

其次,新媒介技术颠覆了受众对特定媒介外形的固有印象。在新媒体模式下,受众不再是媒体内容的被动接收者和消费者,而是媒体内容的选择者,同时也是内容的主动参与者和创造者。新媒介技术赋予并进一步扩大了受众权利,使传统媒介受到监督和制约。受众可以根据网上获得的信息对大众媒体的公正性、中立性和可信性提出质疑。

再次,新媒介技术进一步分化了受众群体,使个人化消费趋势加剧。网络媒体使“点对点”“一对一”的传播成为可能,互联网可以根据人们的个体需求提供相关信息和服务。这也就是我们常说的“个性化”服务。“个性化”是网络媒体的技术特点带来的结果。

最后,新媒体技术在给我们的社会带来积极影响的同时,也带来了一些负面影响。如互联网侵权盗版现象仍十分猖獗,很多网站都依靠大量转载报纸和杂志的新闻报道来增加点击率,但很多都未经授权,且没有支付费用。网络博客也成为侵权灾区,网民在博客上发表的文字、照片应受到法律保护,以盈利为目的的网站,如果未经本人同意,擅自使用他人的照片、文字,属于侵权行为。同时,网上充斥着大量的垃圾信息,如垃圾邮件、虚假信息、失实信息、过时信息等。

新媒体技术的发展是大势所趋。为了更好地发展新媒体技术,我们要积极、正确地运用新媒体技术,尽最大的努力发挥新媒体技术的正面作用,限制、消除新媒体技术给社会带来的负面影响。

第二节　新媒体基础技术

新媒体技术是指依托数字技术、网络技术、移动通信技术等形成的新的传媒技术。新媒体技术的本质是微电子技术与信息技术,新媒体技术的发展是伴随微电子与信息技术的发展而产生的。影响新媒体技术的发展主要有如下几个方面:

首先是数字技术。数字技术是信息社会的基础,也是新媒体的根本技术。数字技术是将各类信息进行数字化的技术,是一种与计算机相生相伴的信息编码技术。它以数字“0”和“1”作为信息存储的最小单位——比特(bit)。这些被转换成一系列"0"和"1"的文字、图片、声音、视频等信息会被计算机识别,再通过计算机、存储设备、光纤等进行存储、处理和传输。尼葛洛庞帝在《数字化生存》一书中就指出,比特作为"信息时代的DNA"正在迅速取代原子成为人类生活的基本交换物。信息的存储、处理和传输实现了技术上的统一,任何相互连接的信息终端之间都可以进行数字信息的交互传播。

其次是计算能力。以计算机和智能手机为代表的计算终端的信息接收、处理能力得到大幅度提升。主要表现在主帧速度不断加快,信息处理速度极大提高;半导体集成度越来越高,提高了对随机和定制信息的处理能力;信息处理软件日益丰富,极大地满足了人们对信息的不同处理需求;人机界面越来越友好,使人们对数字技术及其装备不再畏难,对新的传播形态易于接受。

再次是通信技术。以数字信号处理技术为代表的通信技术飞速进步,抗干扰纠错能力的增强使信息畅通得到保障。调制与解调的比特率不断创出新高,传输频率的极限不断被突破,使基带带宽不断拓展;适应不同信道通信要求的编码与解码技术日趋成熟,为信息的分拆、组合、传递以及分发等提供了快速准确的技术保障。

最后是以ICP/IP等通信协议及其接口技术为代表的网络技术不断创新统一。不同的电脑用户能组成一个互联互通网络,HTTP协议技术使网上每个用户节点都能收到网上发布的信息,而WAP等协议技术又使互联网上的用户向无线终端用户延伸。此外,组网的关键技术设备,如光纤传输交换设备、路由设备以及无线交换路由设备等不断进步。近年来,5G技术取得突破性进展,使网络的带宽无论是骨干网还是局域网,乃至无线网都得以迅速拓宽。网络的路由地址由IPV4技术向IPV6发展,地球上每个人都可以在网络虚拟世界里独立拥有一个收发信息的户口地址,只要在网上,只要你需要,新闻信息就会飞速向你传播。在大众传播业中,一个刚刚告别铅与火的传媒时代又匆匆迈入了一个告别印刷、告别发行的网络传媒时代。

一、新媒体信息处理技术

(一)文字信息处理技术

生活中,文本是使用最多的一种信息存储和传播方式。在新媒体传播中,它仍然扮演者重要的角色。常用的文字编辑软件一种是 Word，功能强大、使用最多。另一种是网页中文字的处理，通过 HTML 设置文本的大小、颜色、字体类型、换段换行以及特殊表现等。这类技术一般在网页设计与制作中应用较多。另外，随着微信公众号、头条号等新媒体平台的发展，新媒体文字信息的排版技术也渐显重要。秀米、135 编辑器等公众号排版技术也成为新媒体编辑的必备技能。

（二）图形与图像信息处理技术

图形与图像信息处理技术是指对从现实世界中通过数字化设备获取的图像，包括取样图像、点阵图像、位图图像和计算机合成的图像——矢量图进行处理的技术。

图形与图像信息处理技术包括获取、存储、显示和处理。其存储也有很多格式（如 BMP、GIF、JPG、EPS、PNG 等）。图形与图像信息处理技术是新媒体技术的关键，决定了多媒体在众多领域中应用的成效和影响。计算机存储和处理的图形与图像信息都是数字化的，因此，无论以什么方式来获取图形与图像信息，最终都要转换为以二进制数代码表示的离散数据的集合，即数字图像信息。图形处理技术包括二维平面和三维空间图形处理技术两种，具体处理技术有平移、旋转、缩放、透视、投影等几何变换，配色、阴暗处理、纹理处理、隐面消除等；图像处理技术包括图像变换、增强、复原、合成、重建、分割、识别、编码、压缩等。

近年来，随着电脑硬件技术的飞速发展和更新，使得计算机处理图形图像的能力大大增强。以前要用大型图形工作站来运行的图形应用软件，或是特殊文件格式的生成及对图形所作的各种复杂的处理和转换，如今，家用电脑完全可以胜任，我们可以轻易地使用 Photoshop、CorelDraw、3DMAX 等软件绘制出精美的图形图像或是逼真的三维动画。

（三）数字音频信息处理技术

数字音频信息处理技术是指对在时间和幅度上都是连续的声音信号进行数字化处理（包括采样、量化、编码）以及对数字化后的音频进行处理的技术（图 3-1）。音频（包括语音、音乐及其他声音）携带的信息量大、精细、准确，被人们用来传递消息、情感等。数字音频信息处理技术涵盖很多内容，如音频信息的采样、量化、压缩、编码、播放以及模拟音频信号所涉及的音频处理(如音频特征提取、变调、变速、编辑等)的数字化。

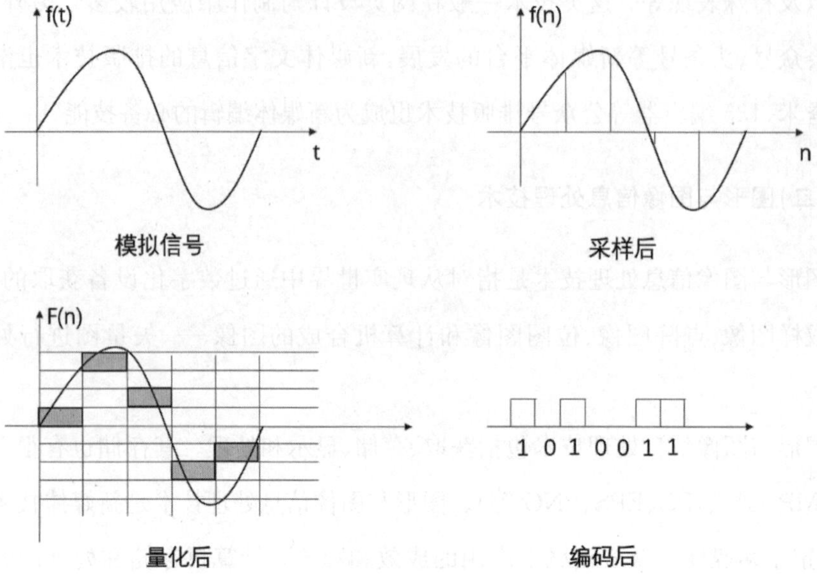

图 3-1　声音信号数字化处理

(四)数字视频信息处理技术

视频就是内容随着时间变化的一组动态图像,所以又叫运动图像或活动图像。它是一种信息量丰富、直观、生动、具体的承载信息的媒体。视频与图像既有联系又有区别:静止的图片称为图像,运动的图像称为视频。

将活动图像进行采样、量化、编码的技术以及计算机动画处理技术就是视频信息处理技术。要让计算机处理视频信息,首先要解决的是视频数字化的问题。对电视视频信号进行数字化有两种方法:一种是将模拟视频信号输入到计算机系统中,对彩色视频信号的各个分量进行数字化,经过压缩编码后生成数字化视频信号;另一种是由数字摄像机从视频源采集视频信号,将得到的数字视频信号输入到计算机中直接通过软件进行编辑处理,这是真正意义上的数字视频信息处理技术。目前,视频数字化主要还是采用将模拟视频信号转换成数字视频信号的方法。整个数字化过程包括采样、量化、编码三个步骤。

1.采样

采样是把模拟信号变成时间上离散的脉冲信号，由于人的眼睛对颜色的敏感程度远不如对亮度信号灵敏，所以色度信号的采样频率可以比亮度信号的采样频率低，以减少数字视频的数据量。采样格式分别有4:1:1、4:2:2和4:4:4三种。其中，4:1:1采样格式是指在采样时每4个连续的采样点中取4个亮度Y、1个色差U和1个色差V，共6个样本值，这样两个色度信号的采样频率分别是亮度信号采样频率的四分之一，使采样得到的数据量可以比4:4:4采样格式减少一半。

2.量化

量化是进行幅度上的离散化处理。在时间轴的任意一点上量化后的信号电平与原模拟信号电平之间在大多数情况下存在一定的误差，我们通常把量化误差称为量化噪波。量化位数越多，层次就分得越细，量化误差就越小，视频效果就越好，但视频的数据量也就越大。所以在选择量化位数时要综合考虑各方面的因素。

3.编码

经采样和量化后得到的数字视频数据量非常大，所以在编码时要进行压缩。方法是从时间域、空间域两方面去除冗余信息，减少数据量。编码技术主要分为帧内编码和帧间编码，前者用于去掉图像的空间冗余信息，后者用于去除图像的时间冗余信息。视频编码技术主要有MPEG与H.261标准。MPEG标准是面向运动图像压缩的一个系列标准，包括MPEG视频、MPEG音频和MPEG系统（视频、音频和同步）3个部分。H.261标准化方案的标题为《64kbps视声服务用视像编码方式》，又称为《P×64kbps视频编码标准》。

二、新媒体信息传输技术

（一）数据通信技术

数据通信系统是指通过通信线路和通信控制处理设备将分布在各处的数据终端设备连接起来，执行数据传输功能的系统。一般来讲，该系统由信源、信宿和信道三个部分组成。本部分技术较为复杂，属于通信工程领域，在这里简单了解即可。

(二)计算机网络技术

计算机网络是指将分布在不同地点且具有独立功能的多个计算机通过通信设备和线路连接起来,按照一定的网络协议进行数据通信,实现网络中资源共享,为网络用户提供各种应用服务的信息系统。从媒介和传播的角度看,这种计算机网络可以被当作是由多台计算机、特定的设备和软件连接起来的新的传播媒介和传播渠道。通常,计算机网络由为用户提供服务的若干主机、通信链路组成的通信子网和一系列协议三部分组成。截至 2017 年年底,全球网络使用比例已经达到 51.7%。

(三)Internet 技术

Interent 技术已经渗透到各行各业并进入人们的日常生活,它突破了传统的地域、政治、经济、文化等概念,形成了以信息为中心的跨国界、跨文化的虚拟空间,自此,人类进入了信息社会。Interent 是通过 TCP/IP 协议进行数据通信,将世界各地的计算机网络连接在一起进行信息交换和资源共享的网络系统,是全球最大、信息最多的信息网络系统。它设计 IP 地址和域名等基础资源,而随着移动互联时代的到来、联网设备的增多,IPV4 这个传统的互联网协议版本已经不能满足网络发展的要求,IPV6 则在地址空间、移动性支持、服务质量、安全性和灵活性方面更好地满足了移动互联网和物联网发展的需要。另外,IPV6 实现了为每个用户分配一个固定 IP 地址的功能,为网络实名制提供了技术基础。

三、新媒体移动技术

(一)移动互联网

移动互联网是指移动通信终端与互联网相结合,用户使用联网手机、平板电脑或者其他无线设备,通过 4G、5G 或者无线网络,在移动状态下访问网络以获取信息、使用商务娱乐功能等各种网络服务的网络平台。移动互联网与传统互联网的区别在于其移动性与便携性,它改变了人和信息的关系,使人成了信息的一部分。以此为基础的移动新媒体在各种移动终端上通过移动网络的数据传输为人类提供了丰富多样的应用服务，在人们的生活中扮演着重要角色。它是互联网技术、平台、商业模式和应用与移动通信技术结合的产物，包括终端设备、移动通信网络、各类应用及其他相关技术。

（二）无线移动通信技术

无线通信是利用电磁波信号可以在自由空间中传播的特征进行信息交换的一种通信方式。其中，无线移动通信技术发展最快、应用最广，更重要的是它也是移动互联网最重要的技术推动力。我国于 1987 年建立了第一个 TACS 模拟蜂窝移动电话系统；1991 年中国移动的 GSM 和联通的 GSM130 数字移动电话网开通；2008 年我国提交的 TD-SCDMA 成为 3G 时代主要的技术标准之一；2008 年我国向三大电信运营商发放 3G 牌照；2014 年我国向三大电信运营商发放 4G 牌照；2019 年我国向三大运营商发放 5G 牌照。除无线通信外，通信产品上还应用红外传输、蓝牙、Wi-Fi 等无线技术。

（三）新媒体移动终端及操作系统

移动终端是移动互联网技术与用户体验连接最紧密的环节。新媒体移动终端设备包括智能手机、平板电脑和可穿戴智能设备等，移动操作系统主要有 IOS 和 Android 等。随着移动互联网的发展，其应用范围从媒体传播、社交沟通到电子商务，对人类生活和企业发展、政府治理都产生了巨大影响。

四、新媒体显示、发布与搜索技术

（一）新媒体信息显示技术

研究表明，人类约有三分之二的外部信息是通过眼睛获取的。人类对显示技术的要求主要体现在微型化、轻薄化、大屏幕、高分辨率、高亮度、立体化等方面。而显示屏从 CRT（阴极射线管）显示屏到现如今普遍应用的 OLED（有机发光二极管）、柔性显示 OLED、触摸屏以及电子纸，无不向更好地满足消费者需求的方向演化。

(二)新媒体信息发布技术

媒体信息发布技术从C/S(客户机和服务器)模式、B/S(浏览器和服务器)模式,发展到如今的CDN数据分发网络和P2P(对等网络)网络。CDN技术的典型应用就是IPTV(交互式网络电视),其主要架构包含内容库、缓存、媒体服务、用户请求路由、运营管理及适配、统一运营管理等。通俗来讲,CDN技术可以让用户得到更流畅的播放体验。

(三)新媒体信息搜索技术

搜索引擎解决的是用户与信息的匹配问题。搜索引擎从最初的目录式搜索引擎到第二代以超链接分析为基础的机器抓取引擎,发展到如今的智能搜索引擎,更加注重互动性与个性化,也具备了社会化、情景化搜索等新特征。

(四)新媒体数字版权管理技术

在新媒体内容繁盛的同时,盗版侵权事件屡有发生。所以,数字版权管理就越发重要。数字版权管理是指利用先进技术,在提供数字内容的同时,有效地阻止对这些内容的非法使用和拷贝,达到保护数字内容版权的目的。数字版权管理技术主要有数字加密技术、公钥基础设施安全技术、数字签名水印等。

(五)其他新媒体传播技术

传统的新媒体技术包括流媒体技术、蓝光技术、IPTV技术、社交化媒体技术、IP技术等,此外还有一些新兴的新媒体技术,如云计算、物联网、LBS、虚拟现实、大数据、5G等①。

1.流媒体技术

流媒体是指在互联网中使用流式传输技术的连续时基媒体,如音频、视频或多媒体文件。流媒体在播放前并不下载整个文件,只将开始部分内容存入内存,流媒体的数据可以随时传送、随时播放,只是在开始时有一些延迟。流媒体系统的组成

① 参见本章第四节“前沿新技术及其对新媒体的影响”。

包括音视频源的编码/解码、存储、流媒体服务器、媒体流传输网络、用户端播放器等。随着互联网的普及，利用网络传输音视频信号的需求也越来越大。广播电视等媒体上网后，也都希望通过互联网来发布自己的音视频节目。但是，音视频在存贮时文件的体积一般都十分庞大。在网络带宽有限的情况下，花几十分钟甚至更长的时间等待一个音视频文件的传输，不能不说是一件让人头疼的事。流媒体技术的出现在一定程度上改善了这个问题。

2. 蓝光技术

蓝光技术因利用波长较短(405nm)的蓝色激光读取和写入数据而得名。它采用波长为 405nm 的蓝紫色激光，通过广角镜头上比率为 0.85 的数字光圈，使聚焦的光点尺寸进一步缩小。蓝光光盘的盘片采用 0.1mm 厚的光学透明保护层，以减少盘片在转动过程中，由于倾斜而造成的读写异常或错误，这使得盘片数据的读取更加容易，并为提高存储密度提供了可能。

蓝光光盘盘片的轨道间距减小至 0.32mm，仅仅是 DVD(采用红光)盘片的一半；而其记录单元——凹槽的最小直径是 0.14mm，也远比 DVD 盘片的 0.4mm 凹槽小得多。蓝光光盘单面单层盘片的存储容量被定义为 23.3GB、25GB 和 27GB，其中最高容量(27GB)高出红光 DVD 单面单层盘片 20 多 GB，足以存储超过 2 小时播放时间的高清晰度电视 HDTV 内容，或超过 13 小时播放时间的标准电视节目(VHS 制式图像质量，3.8MB/s)。并且这仅仅是单面单层实现的容量，蓝光光盘同样有单面双层、双面双层可选择。蓝光光盘新技术具有 36MB/s 的数据传输速率，并且采用 MPEG-2 作为流媒体的压缩方式，以与全球数字广播标准保持兼容。

3. IPTV 技术

IPTV 技术是一项系统技术，主要包括音视频编解码技术、流媒体技术、组播技术、内容分发网络技术、电子节目指南技术、数字版权管理技术、机顶盒技术等。音视频编解码技术在中国主要是采用 MPEG-4、H.264 技术以及中国提出的具有自主知识产权的标准 AVS。流媒体技术的特性在于能够边下载边播放，主要格式有 Real Media、Quick Time、Windows Media、Shockwave Flash 等。组播技术指的是单个发送者对应多个接收者的一种网络通信。内容分发网络，简称 CDN，作为一种提高网络内容、传输的服务质量、节省骨干网络带宽的技术，其关键技术主要有内容路由技术、内容分发技术、内容存储技术、内容管理技术等。电子节目指南技术的主要任务是为用户提供业务的入口服务，是直接呈现给用户的界面，是供用户选择的系统服务索引，它同时要协助完成用户的接入请求。数字版权管理的核心技术有两个：一个是对数字内容的加密技术，另一个是加密的 Key 和 License 的生成、发放、管理技术。对数字内容的版权进行保护，重要的是保护版权拥有者的利益，同时也要保证用户和发行者的利益。机顶盒是一个连接电视机与外部信号源的设备，其主要技术有信道解码、信源解码、上行数据的调制编码、嵌入式 CPU、MPEG-2 解压缩、机顶盒软件、显示控制和加解扰技术等。

4. 社交化媒体技术

社交化媒体是一种给予用户极大参与空间的在线媒体，包括博客、微博、论坛、社交网络、内容社区等。社交化媒体主要运作在传统互联网和移动互联网平台，采用的技术主要是互联网技术和移动互联网技术。互联网技术是在数字技术的基础上开发建立的一种信息技术(Information Technology，IT)。互联网技术的普遍应用是人类进入信息社会的标志，主要包括传感技术、通信技术、数字技术三部分。随着网络技术和无线通信设备的迅速发展，人们迫切地希望能随时随地从互联网上获取信息。针对这种情况，互联网工程任务组于 1996 年开始制定支持移动互联网技术标准。目前，移动 IPv6 的正式标准和相关标准：移动 IPv6 的快速切换、层次移动 IPv6 的移动性管理、网络移动已经出台，相关的各项开发工作都在进行中。下一代移动通信的核心网是基于 IP 分组交换的，移动互联网技术已经得到广泛应用。截至 2019 年 6 月，我国移动互联网用户数达 11.38 亿户。

5. IP 技术

基于 IP 技术的媒体广播主要分为两大类：互联网媒体和 IP 电视广播。Web2.0 时代的到来，大大加强了网络对用户交互作用的重视，使其成为互联网媒体的关注重点之一，用户不再是网络信息的单纯消费者，更成为网络内容的生产者。

IP(Internet Protocol)电视广播即互联网协议提供包括视音频节目在内的多媒体交互式业务，又被称作互联网协议电视广播、交互式网络电视。它对互联网、多媒体、通信等多种技术进行有效综合应用，为用户提供包括数字电视在内的多种交互式服务，实现了电视服务和互联网浏览、电子邮件收发、娱乐、教育及商务功能的结合。IP电视广播具有六大特点：高质量、强互动、大容量、跨地域、无时限以及分众性。

第三节　新媒体技术应用

新媒体技术作为一种技术手段在各行各业都有广泛的应用，我国最初展开对新媒体研究的是英语教育，而随着新媒体技术的不断创新，其应用领域也不断扩展。如今，新媒体技术在营销、重大活动、智慧政务与智慧城市、教育教学中都有着不俗的表现。

一、新媒体技术在营销中的应用

依托新媒体平台建立企业自媒体矩阵成了新时代企业的必然选择，企业营销进入了新媒体时代。任何企业的传播都离不开新媒体，任何事件的引爆必须依托于微博、微信、直播、短视频等。

此外，“智能硬件＋场景”成为新媒体技术在营销中应用的典范。2015年8月3日，一辆装有健康监测设备的“健康大巴”在北京CBD驶过，这辆健康大巴的核心是“明日厨房”创意团队为伊利“每益添”量身定制的一道全新“私房菜”——可以充当健康帮手的智能拉环。当公交车乘客手握拉环时，感应装置便可以自动检测使用者的心率、体脂、平衡等多项健康指标，并显示在LED屏幕上。通过下载手机App，乘客可以马上建立自己的健康档案，便捷地监测、比较自己的健康状况。乘客还可以在这个App上与微信好友互动，将自己的健康动态分享至朋友圈并获取品牌优惠券。

泰康人寿在意外保险广告中，将手机重力陀螺仪技术与消费者的使用场景相结合，提炼出新的广告创意。陀螺仪的定向性和灵敏度比重力感应要高，当用户下载某些应用且手机不慎跌落时才会激活广告。当用户看到手机碎屏的时候，屏幕上显示其实的只是碎屏的“假象”；当用户看到手机碎屏懊悔时，碎屏没有了，并弹出广告“我们尽最大的努力，为您提供意外保障——泰康人寿”。保险公司利用新媒体技术，在那样的场景下给人意想不到的惊喜，增强了广告效果。

二、新媒体技术在重大活动中的应用

2008 年的奥运会开幕式是一场新媒体技术的展示。在这场视觉盛宴的现场，新媒体成了"第一先锋"：水墨长卷徐徐展开，影像与文化、影像与表演、影像与空间、影像与灯光，成为统一的综合演出体。可以说，没有新媒体元素的介入，开幕式的演出就仅仅是一个平面的、静止的、放大的舞台。而这次奥运会开幕式不仅仅是一个表演的阅读物，更是一个立体的、多层次的艺术方程。新媒体技术从一个个技术产品走向文化现场，走进大众视野。

在"全景奥运村"的地图上用鼠标将目标锁定到奥运村，随着鼠标的滑动，我们越过了健翔桥，到了击剑馆，其外形像一块平放的凸透镜；接着来到了水立方，这个由中国传统文化理念催生的蓝色"方盒子"的阴柔之美，与一旁阳刚壮观的鸟巢相得益彰，而鸟巢上的每一条钢筋搭建的网格都清晰可见……据介绍，"全景奥运村"以奥运村 18.8 平方公里为主要建设范围，依托网络门牌和三维城市全景图技术，对整个社区的道路、建筑、门址进行数字化编码，并与现实中的地址、联系方式等信息建立精准关联，结合三维地图漫游技术，实现整个奥运社区的全真展现和三维漫游。整体网络服务平台结合了互联网、局域网、移动网、固话网、GPS 网等多种技术手段，实现了对奥运社区内公共基础设施目标地理位置的信息查询、地址定位、行车路线演示等功能。

在 2010 年上海世博会中，很多场馆的造型设计、场景布局、音效手段都力求通过新媒体技术加强观众的身心感受。在中国国家馆的展厅中，国宝级名画《清明上河图》以动态的形式播放，使人仿佛置身于中国古代文明历史长河之中。这个多媒体版《清明上河图》是在一幅在长 128 米、宽 6.5 米的屏幕上展示的，气势恢宏、美妙绝伦：小桥下河水潺潺，帆船在河面上飘动而过；街上行走的是摇着扇子的市民、肩挑担子的小贩，市集上鸡犬相闻，叫卖声、吆喝声此起彼伏……声、光、影，动态地交织出一幅栩栩如生的北宋汴京市井生活图景。新媒体技术在世博会上的应用主要有三大亮点：虚拟现实、虚拟环境和大屏幕技术的广泛应用。虚拟现实借助计算机图形与图像技术及硬件设备，创造出一种人们可以通过视、听、触、嗅等手段所感受到的虚拟环境，并能够通过语言、形体动作等方式让人与人、人与计算机之间进行实时交互；虚拟环境技术是建立在诸多集成学科如计算机图形学、心理学、人类工程学、控制学、电子学、机器人及多媒体技术等之上的综合技术；大屏幕技术则利用 IMAX 的大屏幕使人宛如置身真实环境中，生动地再现了《清明上河图》的情景，让人们甚至觉得自己就是街头巷尾的寻常百姓。

三、新媒体技术在智慧政务和智慧城市中的应用

新媒体技术的出现是以社会的需求为前提的，在社会逐渐多元化、社会结构趋向扁平化的今天，人们在社会生活的方方面面越来越倾向于自主性、创造性、平等性。因此，新媒体技术的诞生是时代的必需品。

（一）智慧政务

近年来，随着大数据、云计算和物联网等新一代信息技术的出现以及“互联网+”政策的提出，以“两微一端”为代表的新媒体快速发展，政府门户网站“一站式”的服务已经不能满足人们对电子政务的功能需求，电子政务开始迈向深化应用的新阶段。高新技术的出现让新媒体的发展实现了信息内容的多元化，电子政务在特色化、服务化之上的高级阶段就是智慧化。智慧政务可以极大地省去烦琐的办事步骤，节省资金费用，起到事半功倍的效果。

随着科技的不断发展，新媒体技术更是结合应用行业的特点，以信息网络（广电网络、互联网、电信网）为主要传播载体，被政府广泛应用于城市建设当中，为政府构建新媒体制作、管理、发布、互动平台，提供及时咨询、紧急事件预警、市民互动交流、城市推介、品牌宣传、产品互动体验等多种形式解决方案，拉近群众、企业与政府的距离。可视化沟通交流、自主点播下载，使信息传播更生动、更快捷，降低了交流门槛、扩大了互动范围。

（二）智慧城市

智慧城市是指利用新媒体技术，集成城市的组成系统和服务，以提升资源运用的效率，优化城市管理和服务，改善市民生活质量。

新媒体中小型终端是新媒体应用在城市交通的主要表现形式，它可以借助位置定位功能和网络服务动能，精准记录位置信息，并通过终端定位点及时发布周围信息，在终端上设置语音功能和摄像头，辅助城市交通摄像，拓展城市交通监视广

度。新媒体语音功能可以实时发布周边交通情况与所选线路交通情况,以实现智能导航功能,相比于单向传播,借助新媒体技术打造的移动终端网络可以增强驾驶人员的主动性与预判性,避开交通堵塞路段,减少城市交通拥堵。在驾驶过程中,驾驶人员可以利用摄像头对行驶中发生的情况进行客观记录,制定最佳线路。

在智慧城市的建设过程中,政府强调以人为本的建设发展原则,以健康、绿色、安全为指导思想,重视食品安全,保护城市居民的饮食安全和生命健康。传统食品监管主要是在食品包装上设置编码,查找食品来源。而当新媒体技术进入食品安全监管领域以后,市民可以在新媒体终端上查询价格,掌握食品生产时间、产地来源、市场价格和真伪。这个食品安全监管体系集食品追踪、食品识别、食品应急机制于一体,形成了全面化监管网,促进了智慧城市的可持续健康发展。

四、新媒体技术在教育教学中的应用

随着以计算机网络为核心的新媒体技术的迅速发展,"一书一本一粉笔"的传统课堂模式被打破,以新媒体为主要手段的教学模式正逐渐改变着教师的教学理念及学生的思维方式。新媒体技术应用于现代教学之中,既是时代发展的需要,也是课程进一步改革发展的需要。目前,新媒体在教学中的应用主要有直播学习、网络课堂、学习类 App 等。新媒体技术应用于教学之后,其独有的特点使教师教学变得更加方便、立体、有趣,打破时间、空间的限制,演示生动的画面、美妙的音乐;学生也可以随时随地通过网络进行学习。这些都是传统教学模式无法比拟的,具体来说,新媒体技术应用于现代教学的优势表现为以下几个方面:

一是新媒体技术促进了教学理念的更新。远程教学、虚拟学习社区、体验式学习等新的教学形式的产生,冲击着传统课堂,改变着现代教学模式及教学理念。

二是新媒体技术为学生创造了多样化的学习环境,提供了多样化的学习形式。丰富的学习内容极大地满足了学生自主化学习的需要。以新媒体技术为依托的网络教学打破了空间和时间的限制,使教学不再拘泥于课堂,提高了学生学习的主观能动性。

三是新媒体技术丰富了教学方式和教学手段。随着新媒体技术的加入,现代课堂中增加了计算机、投影仪等设备辅助教学,这些现代化设备使教学手段更加多样化、现代化。随着 K12 在线教育的崛起,各类学习型 App 可以协助学生学习,学生可以足不出户地通过屏幕观看老师讲课、与老师沟通交流。新媒体在教育中的应用也是教育技术学这一领域的研究对象。除此之外，近年一大热点就是慕课（MOOC）。慕课，第一个字母“M”代表 Massive（大规模），与传统课堂只有几十个或几百个学生不同，一门慕课动辄上万人；第二个字母“O”代表 Open（开放），以兴趣导向，凡是想学习的，都可以上慕课，不分国籍，只需一个邮箱，就可注册参与；第三个字母“O”代表 Online（在线），学习在网上完成，不受时空限制；第四个字母“C”代表 Course，就是课程的意思。慕课是以连通主义理论、网络化学习和开放教育学为基础的。这些课程跟传统的大学课程一样，遵循循序渐进的规律，让学生从初学者成长为高级人才。课程范围包括自然科学、人文科学和思维科学。

第四节　前沿新技术及其对新媒体的影响

历史上，传播方式的每一次变革都与技术进步密不可分，而在新媒体时代，技术对媒介的影响更甚，从云计算、物联网、LBS、虚拟现实到大数据、5G 技术，人们的生产生活方式正在发生深刻的改变。了解这些新媒体技术和这些技术在媒体传播领域中的现状，有助于我们在新媒体时代掌握发展先机。

一、云计算

云计算是一种可以按使用量付费的模式，这种模式提供可用的、便捷的、按需的网络访问进入可配置的计算资源共享池（资源有网络、服务器、存储、应用软件、服务等）。这些资源能够被快速提供，只需投入很少的管理工作或与服务供应商进行很少的交互。云计算有以下特征：（1）超大规模，云计算需要众多的服务器等设备作为基础设施；（2）虚拟化，用户请求的资源都来自云端，而非某些固定的有形实体；（3）高可靠性，云计算采用多种技术来保障服务的可靠性；（4）伸缩性和按需付费，用户根据自己的需要使用和付费；（5）靠多用户和规模化降低成本。代表性的云计算平台有谷歌云、亚马逊云等。

在媒体传播领域，不少国外媒体开始采用云计算，亚马逊和谷歌推出了自己的媒体云，纽约时报、路透社也推出了基于云计算的云服务支持体系。国内，2014 年阿里云、华通云数据、新奥特联手打造了中国最大的全媒体云平台——OnAir 全媒体云平台。该平台采用以视频为核心的云服务模式,利用音视频处理技术和云计算平台以及遍及全国的CDN网络,力图实现电视台从内容制作、播控到网络新媒体的全功能、全业务、全流程、全屏幕的视频云服务。

在新媒体领域,初级层次的云计算随处可见,如视频点播、在线城市地图等,依靠云层之上的、规模庞大的计算和数据资源,实现信息处理。如今的互联网世界已经变成"云管端"的模式,用户使用"端",经由"管"来访问存储在"云"中的信息和服务。新媒体领域的业务多样复杂、内容信息量大、碎片化特征明显、时效性强,云计算成为处理新媒体多样业务和海量信息的有力工具。

二、物联网

顾名思义,物联网就是物物相连的互联网。这有两层意思:其一,物联网的核心和基础仍然是互联网,物联网是在互联网基础上延伸和扩展出来的网络;其二,用户端延伸和扩展到任何物品与物品之间,也就是物物相息。物联网通过智能感知、识别技术与普适计算等通信感知技术,广泛应用于网络融合中,因此也被称为继计算机、互联网之后世界信息产业发展的第三次浪潮。按照国际电信联盟的定义,物联网主要解决物品与物品(Thing to Thing,T2T)、人与物品(Human to Thing,H2T)、人与人(Human to Human,H2H)之间的互联。但是与传统互联网不同的是,H2T是指人利用通用装置与物品之间进行连接,从而使得物品连接更加简化,而H2H是指人与人之间不依赖于PC进行的连接。物联网具有全面感知、可靠传送、智能处理等特征。物联网应用主要涉及传感器技术、RFID标签、嵌入式系统技术等。

物联网被认为是世界下一次信息技术浪潮和新经济的引擎。它不仅能够推动传统媒体智能升级,还能提供多方位的信息选择服务。物联网在新媒体领域的巨大影响推动新媒体朝着Web3.0时代迈进。从物联网与媒体发展现状来看,Web3.0将是一个人类精确感知、"万物皆媒"、媒介智能的时代。

三、LBS

LBS(Location Based Service,基于位置服务)由移动通信网络和计算机网络结合而成,移动终端通过移动通信网络发出请求,经过网关传递给LBS服务平台,服务平台根据用户请求和用户当前位置进行处理，并将处理结果通过网关返回到用户。

社交网络媒体越来越注重提供基于位置的社交网络服务，密切用户的社会关系。同时，通过不断激励用户分享位置信息等内容，增强社交媒体的吸引力。更重要的是，LBS 技术与社交网络的融合不仅给用户提供了更加个性化、精准化的信息和服务，也为社交应用中“附近的人”等功能提供了技术基础，为位置相近的用户提供了一个交流的平台。

LBS 技术也促进了新媒体数据新闻的发展。LBS 在新闻传播领域的运用，为数据的挖掘和分析提供了新的思路，推动数据新闻向前发展。

四、虚拟现实

虚拟现实（Virtual Reality，VR）是计算机和用户之间的一种理想化人机界面形式，与传统的人机模式相比，虚拟现实系统让用户置身于一个虚拟的真实环境当中，为用户带来了身临其境的想象空间。用户通过传感设备对虚拟环境中的物体进行操作，能够充分体验到人机之间的交互性。

虚拟现实技术具有超越现实的虚拟性，是伴随多媒体技术发展起来的计算机新技术。它利用三维图形生成技术、多传感交互技术以及高分辨率显示技术，生成三维逼真的虚拟环境，用户需要使用特殊的交互设备才能进入虚拟环境中。这是一门崭新的综合性信息技术，它融合了数字图像处理、计算机图形学、多媒体技术、传感器技术等多种信息技术，从而大大推进了数字技术的发展。

在出版领域，虚拟现实技术被植入到印刷品中，在印刷品上叠加由计算机生成的虚拟场景，与用户形成互动，来展现更加丰富的信息。在电视节目中，虚拟演播厅就是运用此技术合成三维虚拟场景，实现电视节目的虚拟场景演播。虚拟现实还被应用到新媒体广告领域，创新了广告的表现手法。

五、大数据

大数据是指其大小超过了典型数据库软件的采集、存储、管理和分析能力的数据集。除了指数据量巨大之外，大数据还意味着数据的处理、挖掘、分析等能力得到前所未有的提升。在维克托・迈尔-舍恩伯格及肯尼思・库克耶编写的

《大数据时代》中，大数据指不用随机分析法（抽样调查）这样的捷径，而采用所有数据的方法。大数据的 4V 特点分别是：Volume（大量）、Velocity（高速）、Variety（多样）、Value（价值）。

大数据在新媒体中的应用主要有以下几个方面：第一，个性化推荐系统。新媒体利用大数据更加精确地辨识到受众群的构成及其特定阶段的具体需求，并据此针对性的提供信息服务，增强用户黏度。第二，促进数据新闻崛起。数据成为新闻生产的核心资源，与数据相关的统计、分析与挖掘技术，成为新闻生产新思维的支持工具，与数据新闻相关的信息可视化逐渐受到追捧。第三，数据推动新媒体舆情监测的发展，大数据技术极大地提高了对海量数据的分析处理能力。第四，数据推动精准营销，提升了数据的商业价值，营销活动逐渐走向科学化。

六、5G 技术

5G 即第五代移动通信技术。和 4G 相比，5G 的提升是全方位的。5G 具备高性能、低延迟与高容量特性，这些优点主要体现在毫米波、小基站、Massive MIMO、全双工以及波束成形这五大技术上。从用户体验看，5G 网速将比 4G 提高 10 倍左右，下载一部高清电影只需要几秒即可，能够满足用户对虚拟现实、超高清视频等的网络体验需求。从行业应用看，5G 具有更高的可靠性、更低的时延，能够满足智能制造、自动驾驶等行业应用的特定需求，拓宽产业融合的发展空间，支持经济社会创新发展。

如今，虚拟现实技术面临的一个突出问题就是高时延造成的用户体验下降。由于 5G 技术具有毫秒级的端到端时延的特性，可以极大地帮助虚拟现实技术解决这个难题。随着物联网、车联网、智能穿戴产品、智慧家庭产品等概念和产品的成熟，网络连接数将井喷式扩充，只有 5G 网络提供的连接数密度能达到要求。低时延、毫秒级的端到端时延能够大大改善实时应用，如导航、智能交通系统、实时对战网络游戏等的用户体验都会得到大大提升。

此外，5G 技术所带来的物联网的普及将加速新媒体的发展，赋予新媒体更丰富的表现形式和内容。在物联网新媒体时代，这些都可能成为现实：具有媒体信息采集功能的智能传感装置和物联网节点完成自主化、智能化的新闻采集任务，并与人工智能相结合，成为“智能媒体”，完成自动信息播报；物联网的接入单元提供及时、准确的个性化信息素材，智能感知和信息采集更加快速、多样和便捷，信息公布更为实时、准确，形成“物联社交”环境，参与人类社会活动；各类环境传感器记录和直播大自然的痕迹；跨越以人为对象的媒体受众，形成各类以“物”为受众的媒体形态，等等。

思考题

1. 简述新媒体技术的发展历程。
2. 新媒体技术主要包括那几类？
3. 举例说明新媒体技术的应用。
4. 简述新媒体技术的发展趋势。

延伸阅读

1. 刘光毅，方敏，关皓，等. 5G 移动通信：面向全连接的世界[M]. 北京：人民邮电出版社，2019.
2. 曹世华. 新媒体技术应用与实践[M]. 杭州：浙江大学出版社，2017.
3. 李志军，马鑫. 新媒体技术赋能背景下组织传播的前瞻性思考[J]. 中国出版，2019.
4. MARJORIE, VICTOR. Social media and new technology: a primer[J]. Clinical pediatrics. 2018.

第四章　社交化媒体

学习目标

- 了解社交化媒体的重要形态
- 掌握微信、微博、资讯类 App 等社交化媒体的概念和特性
- 了解社交化媒体的影响与发展趋势

社会化媒体(Social Media)的概念最早在 2007 年由安东尼・梅菲尔德提出，即在互联网技术、移动互联网技术等技术支持下，基于用户与其他用户关系、用户与机器关系的内容生产与交换平台，为用户在媒介平台上提供分享意见、交换观点等连接与交流服务。一般而言，社会化媒体具有参与性、连接性、高效性等特点。

第一节　微　信

一、微信概述

微信是腾讯公司于 2011 年 1 月 21 日推出的一个为智能终端提供即时通信服务的免费应用程序。用户可以通过微信程序平台实现快速发送语音、视频、图片和文字等信息传递与交流功能。

一方面，微信快速积累起庞大的用户群体，根据 2019 年腾讯公布的一季度财报，截至 2019 年 4 月底，微信全球用户规模已达 11.12 亿，同比增长 6.9%，成为移动互联网时代重要的用户入口；另一方面，微信不断丰富功能，围绕通信这个核心功能，发展为集通信、社交、营销、媒体、工具五大功能于一体的平台化产品。微信

公众平台于2012年8月推出,广受欢迎,成为企业、媒体、公共机构、明星名人、个人用户等继微博之后又一重要的运营平台。

在实际操作中,微信仅收取流量费,从运营商提供的数据来看,微信通过互联网的后台运行每小时只需要2.4K流量。“短信不收钱”“距离不受限”,这些功能无疑具有强大的市场吸引力。在这场语聊工具大战中,飞信、飞聊、口信、翼聊、微聊等类似产品纷纷亮相,最终微信强势胜出,成为语聊应用霸主。

二、微信的特征与属性

(一)微信的特征

微信的特征表现为:即时性、私密性、互动性和碎片化。

第一,微信是移动终端的产物,在移动互联网时代应运而生。起初,它最大的卖点是“免费短信”,即用户使用微信可取代手机短信、彩信等基本功能,实现亲朋间的即时通信。正如短信、彩信可以即发即收一样,在网络条件下,微信也能实现即发即收,即即时性。不仅如此,微信与QQ绑定后,微信用户在未登录QQ的情况下,可于微信端实时接收QQ离线消息并回复文字、图片和语音消息;在未登录QQ邮箱的情况下,也可于微信端发送新邮件或实时接收新邮件并回复。

第二,不同于传统社交媒介,微信更加突出“一对一”的交流方式。包括公众号与订阅者之间的对话在内,只有建立对话,双方才能浏览对话内容,其他人无法看到。除此之外,微信朋友圈的设置也体现了私密性的一面。浏览陌生人朋友圈时,只能看到其发布的十条信息;与朋友在朋友圈内的互动对话只能两人的共同好友看见;朋友圈还可以设置屏蔽对象等。微信全方位保护用户隐私,目的在于为用户提供一个私密的社交空间,让用户在结交新朋友的同时,又不必担心个人信息泄露的风险。

第三,从某种角度上说,微信的互动性与即时性是分不开的。微信在有网络的条件下可实现消息的即发即收,使用双方“你来我往”,形成互动。不仅如此,微信公共平台也能与关注者进行互动和交流。不仅可以与单个用户进行互动交流,甚至通过基于语言数据库的“机器人”可以进行智能回复,做到与大量用户同时在线聊天。这与微博等社交媒介“大V”往往采用“沉默”的方式来回应有着极大的不同。虽然有的公共平台设置的自动回复内容常常会“驴唇不对马嘴”,但是仍有不少人把与机器人聊天当成一种乐趣。

第四,由于现代人生活节奏的加快和工作的繁忙,用户上网行为呈现出碎片化的特点,甚至记忆也呈现出碎片化的特点。为满足用户“碎片化”的使用需求,微信的许多功能设计都体现出这一理念。如微信朋友圈发布图片和文字时,图片的配字显示行数通常有一定的限制,当配图文字过多时,只显示其中一行,而其他文字被隐藏起来,这方便了用户在有限的界面上对更多信息进行浏览和获取。又如微信分享精彩内容时,由于屏幕的限制和人们阅读习惯的影响,文字信息通常不会过长,图片不会过大,有时仅有视频和简短的文字说明。再如微信游戏多以轻型游戏为主,每一局游戏时间仅几分钟,方便用户在“碎片时间”进行娱乐和消遣。

(二)微信的属性

从属性上来看,微信具有社交属性、媒体属性和商业属性。

首先,微信具有极强的社交属性。微信作为一款即时通信应用工具,能够进一步维系基于亲密关系的强连接,包括家人、好友等;也能够通过“摇一摇”功能添加附近朋友,扩展朋友圈。此外,在工作中遇到的客户、联系人,通过某一场合认识的朋友都可以通过“扫一扫”功能添加为好友实现弱关系的连接。

其次,微信具有强大的媒体属性。自媒体、企业、各类营销账号均入驻微信公众平台,通过微信进行大众传播活动和人际传播活动。每一个微信公众平台都是一个广播站,通过微信公众平台可以将个人或企业的想法让这个圈子里的所有人看见。以自媒体为例,“黎贝卡的异想世界”是专注于年轻女性群体的服饰搭配和化妆的自媒体账号,对时尚潮流有着相同兴趣的女性聚集在同一微信平台,通过在后台的留言可以实现互动交流。

最后,微信的商业属性主要表现为各类营销账号在文章中植入硬广告或是软文,受众通过浏览文章实现广告主目标需求。这一商业属性要求微信运营账号具有一定的受众基础和阅读量。值得一提的是,现在很多自媒体也增加了商业属性。如“石榴婆报告”“陶白白”等,在发表原创文章的同时,偶尔植入软广告,效果很好。

三、微信未来发展策略

(一)个性化及精准营销

微信让精准营销成为可能,因为它实现了与手机的真正捆绑。一方面,微信可以通过收集用户消费习惯及喜好的数据,为商家提供准确的定位与受众群,用户也可以与商家积极互动。如在广告中加入官方微信二维码,受众可以关注该品牌的官方微信,从而关注产品信息。一些折扣券与 VIP 特别服务,也可以通过微信平台定向发布。另一方面,用户可以通过微信与官方平台直接对话,这种对话式交流比微博更加亲民,并且有利于品牌形象的塑造。为了最大化地发挥微信的精准营销优势,企业可以通过分析用户的消费习惯、消费能力、购买欲望等信息,建立系统的用户信息数据库。同时,明确用户的需求,然后根据不同用户的不同需求有针对性地打造具有个性化的产品,提供差异化服务。例如,企业可根据用户的需求提供特制的产品图例和视频简介,向用户提供需求产品的促销信息,接受用户的线上预订和支付等,刺激用户的消费欲望。只有做好用户管理系统,企业才能根据用户的动态及时给用户推送有针对性的信息,更好地满足用户的需求。

(二)增强服务性和向电商化转型

当人们认为物有所值的时候,他们不会去购买信息技术,他们购买的是信息内容。同样,微信等社交工具若要向商业收益拓展,必须突破手机屏幕对于交互的限制,结合移动性的特点,向用户提供酒店、购物、美食、优惠券等,保证用户群的稳定。而电商化是微信未来发展的方向之一。目前,微信与手机支付功能已绑定,用户可以通过微信查询电费、水费然后付款,还可进行手机充值,购买火车票,等等。微信开发了小程序平台,小程序不需要下载安装即可使用,开发门槛相对较低,适合生活服务类线下商铺及非刚需低频应用的转换。用户可以“用完即走”。微信电商化有巨大的潜力,需要结合其特点发挥更多优势。

(三)注重信息推送

首先,微信推送信息要有较强的可读性和趣味性。由于用户多数是在较为休闲的状态下,利用碎片化的时间使用微信,他们需要的不是一板一眼的枯燥的信息,而是有趣、轻松的信息。其次,推送信息要适量,推送时间要恰当。一旦推送被滥用,就会给用户带来负面的影响,甚至让用户取消对你的关注。最后,推送应站在用户的立场去考虑,尽量根据目标用户的特点来设置推送,注意过量的信息会给以流量计费的移动互联网用户带来额外的费用。

第二节 微 博

一、微博概述

微博,是一个基于用户关系的信息分享、传播、获取平台,用户可以以 140 字左右的文字更新信息,并实现即时分享。

新浪微博,是中国门户网站新浪网推出的微博服务,于 2009 年 8 月开始内测,目前是中国用户数最大的微博产品。新浪微博支持文字、视频、音乐、图片的发布并内置了与博客的同步功能,支持包括新浪博客、QQ 空间、百度空间等在内的应用程序,用户可以通过登录网页、绑定即时通信、关联博客、共享书签等多种方式更新和查阅。新浪微博特色是主打高端路线,通过自身的影响力,鼓励社会精英和娱乐明星加入,创造一个以影响力吸引名人,再以名人的光芒扩大影响力的良性循环。新浪微博上名人用户众多,目前已经基本覆盖大部分知名文体明星、企业高管、媒体人士。同时,得益于多年做新闻、博客、BBS 的经验,新浪在平衡"实时保证内容符合互联网安全规则"和"保护用户积极性"上做得比较到位。

除新浪微博外,腾讯、网易、搜狐等几大门户网站也曾推出过微博功能,但在残酷的市场竞争下,如今,这几大微博网站都已关闭或沦为门户网站的附属功能。

二、微博的特点

(一)低门槛性

微博主要是通过简短的文字来发布信息内容,发布人不需要在语言方面进行复杂的创作编排。人们可以不受限制、随时随地发布、浏览、转发各种内容。除了文字表达上的低门槛性，其技术门槛也非常低。微博的发布方式多样，不受时间、空间和终端的限制，使人们的碎片化时间得到更多利用。

（二）裂变式传播

微博既不同于传统媒体单向的线性传播，又不同于 QQ 和手机的点对点传播，也不同于 BBS 等网络媒体的网状传播，它是一种点对面的裂变式传播。任何用户发布一条消息，其所有粉丝能同时看到，粉丝再一键转发，便可形成二次传播。这种传播方式的传播速度和传播广度远远高于之前任何一种媒介产品。

（三）即时性

微博在各种传播介质中无孔不入、无所不在，可以实现随时随地接发信息。一条最新的原创信息能够借助这种方式以最少的语言、最快的速度在几分钟内传遍全球。特别是重大突发性事件利用微博发表出来，其实时性、现场感、快捷性及影响力是传统媒体不可比拟的。

（四）交互性

微博的交互性强，只要轻点"关注"，你便可以看到关注者的即时更新信息。同时，微博的转发、评论、回复、私信等技术功能为用户之间的信息交互提供了保证。微博可以一对一，也可以一对多，具有很强的开放性。有时一条有价值、有趣的信息会被转发上千、上万次。从这个角度上来说，微博对于宣传推介、商业推广以及明星效应的发挥更有特殊的价值和意义。

（五）草根性

在微博上，人们不必在意自己的身份、地位、才能和学识，现实中的社会差距被隐藏，个体通过微博获得平等的话语权。个体化、私人化的表达风格和随性的记录方式，极大地催生了用户的个人表达欲。大量普通得不能再普通，有点自言自语甚至是唠叨的只言片语构成了微博上最常见的内容。一些源于普通民众的语句经过微博的传播后，"火"了起来，丰富了人们的话语形式。同时，微博还原了思想在大脑中的最原始形式，所以与其他公共空间的发言相比，微博更自然、本质、原生态，更有人情味,更容易使话语日常化。因此,微博的聚合能力比其他媒体平台更加强大。

三、微博在媒体宣传中的作用

(一)社情民意的窗口

微博的隐匿性、互动性使很多用户找到了表达诉求、发表意见的渠道,其话语表达权的充分发挥进一步推动微博成为网上社情民意的集散地。从现实来看,微博传递或凸显的民意,主要聚焦于国家发展和民生问题,既有合理的意见建议、正当的利益诉求,也有一些牢骚话、偏激情绪。特别是某些具有社会普遍性的热点问题,往往因为引起网友的广泛共鸣,而得到大量转载和评论。相对于其他形式而言,这些言论往往因为有更大的自由度,所以更能够反映广大民众的真实感受。这就为党和政府了解社情民意开辟了新的窗口和渠道,因此正确发挥微博的作用,有利于增强宣传思想工作的预见性、主动性和针对性。

(二)丰富了信息传播的形式和载体

微博的扩展性和延伸性,进一步丰富了信息的传播形态。在手机已成为重要的个人媒体工具的情况下,微博以其良好的适应性为信息的传播提供了全新的平台。借助微博无与伦比的传播速度和强大的传播能力,宣传部门应该进一步提高对网络舆论的掌控力和主导权,特别是在一些重大性突发性事件中,微博相当于开通了一条能够时刻与公众保持联系的渠道,从某种意义上讲就是"永不闭幕的新闻发布会"。相关部门能够在第一时间内把真实、客观、准确的信息公之于众,及时发声,有效避免谣言的产生。

(三)丰富了群众文化娱乐方式

微博使文化生产的门槛大大降低,文字、图片、声音、影像等在微博上都可以使用。同时,微博使文化的生产周期大大缩短,深刻地改变了传统的传播方式。志同道合的网友在微博上可以便捷地交流、传播自己的作品,激发了广大网民创作、生产和传播的热情。人们可以随时将自己的所见所闻用手机拍摄下来,通过微博与人共享，人们多元、多变的精神文化需求得到一定程度的满足。

第三节　资讯类 App

随着新媒体技术和应用的发展，人们获取新闻资讯的方式不再拘泥于电视、广播。通过互联网，人们可以进入不同的网站浏览与查看信息。移动互联网技术和多媒体技术进一步扩宽了信息获取的渠道，人们可以通过手机、iPad 等终端随时随地查看资讯，在此环境下，各类资讯 App 应运而生。

目前，国内新闻资讯类 App 呈现出三个集团并进的局面：第一集团以今日头条和腾讯新闻为代表；第二集团以各门户网站客户端为代表；第三集团主要是各种垂直类新闻 App，这类 App 以人工选择的高质量深度文章或小众文章为主，并伴随着知识付费风潮的兴起迎来新一轮增长。

今日头条以其个性化的推荐模式霸占新闻客户端的榜首。今日头条创始人张一鸣于 2012 年 3 月创建北京字节跳动科技有限公司，希望通过技术创新来改变人们获取信息的方式。今日头条独特的地方在于“秒懂”——当人们用微信、新浪微博、QQ 账号登录之后，它能在 5 秒之内分析出你的兴趣点，并将相关新闻资讯推送到你面前，整个过程不需要你再有任何的操作。所以，每个人看到的今日头条都是不一样的。这种新型的用户体验显然带来了巨大的成功，今日头条这一看似简单的新闻 App 的制胜法宝便在于它比“用户更加了解用户”。大数据时代，用科学的数据分析来为用户服务，无疑是一种思维的突破，更是一种创新的尝试。截止到 2019 年 6 月，今日头条月活用户达 2.6 亿，日活用户达 1.2 亿。

从管理模式上来看，今日头条的信息发布完全基于智能推荐，用户浏览、收藏、转发、评论每一条新闻的行为都会被记录，用户的阅读习惯、阅读时间、阅读位置也会被分析，两者结合形成“用户画像”。通过绑定社交媒体账号和大数据挖掘，用户分析越精准，新闻推荐就越精准。智能推荐给用户留下两点深刻印象：一是获取信息非常省心，既可以不随大众喜好，又可以收到自己喜爱的内容；二是内容来源非常广泛，不仅来自传统媒体和新闻网站，还有很多 UGC 网站。用户可以自己决定在什么时候、什么地方，愿意付多少钱来阅读什么样的媒体。

新媒体时代，海量信息让人们对内容有了更高的要求，“内容为王”逐渐让位于

"筛选为王"。今日头条的创新之举实现了新闻聚合与个性定制的完美结合,它充分掌握了用户的阅读心理与个人喜好,并大大拓展了新媒体的交互式传播途径,将自媒体的优势发挥到最大。当今,快节奏的生活让人们无法长时间专注于阅读一篇有深度、高质量的长文章。相反,人们有大量碎片化的时间可以利用,这也让大量碎片化的信息通过社交媒体得以迅速传播。因此,如何成功留住用户,如何进行信息筛选就显得尤为重要。传媒巨头默多克联手苹果公司一手创立的数字报纸 *The Daily* 的失败便是最好的证明,形式上的粘贴并不能保障其成功。由此可见,内容是不是为"王",并非由媒体决定,而是由用户来决定的。要做出吸引用户的内容,一是要懂用户,二是要激发用户兴趣。今日头条通过与微信、新浪微博、QQ 建立联系,做了大量的数据分析,找出用户的兴趣点所在,从而将用户需要的信息推送至其面前,呈现出一种新型的传播模式。

第二集团的门户网站客户端亦在从电脑向移动端发展的过程中分得一杯羹,如网易新闻客户端。它是网易公司为亿万用户打造的一款移动资讯类 App,内容涵盖新闻、财经、科技、娱乐、体育等多个类别。网易新闻客户端先后推出跟贴标签、直播、订阅、问吧等频道与功能,并通过大数据挖掘技术,实现新闻内容的精确推荐,为用户带来个性化、全景式的阅读体验。截至 2016 年 3 月,网易新闻客户端用户已超过 4 亿。其中 24 岁以下用户占比很高,为 33%,25—30 岁用户占比 28.7%。31—35 岁用户占比 15.1%,可见这是一款颇受年轻人欢迎的资讯类 App。

第三集团的垂直类新闻 App 以人工选择的深度文章或小众文章为主。在传统媒体和新媒体的融合发展已成为大趋势的情况下,区域新闻客户端必将迎来新的发展契机。在大数据时代,客户端对目标受众的认知需要改变,资讯只是移动端内容的一部分,其占比在未来将趋于减少。新闻客户端在未来对用户的认知将从"消费者"向"生活者"转变,从传统新闻资讯输出转为平台生活应用的综合消费。如何在第三集团中脱颖而出是众多新闻客户端需要思考的问题,谁满足了受众的需求,谁就能赢得市场,而垂直化新闻传播的核心是分众。

1970 年,美国未来学家托夫勒在《第三次浪潮》中首次提到了"分众"的概念,他预言,未来的趋势将是非群体化的,人类一致的需求将被多样化的需求所代替,而这种非群体化实际上指的就是分众。所谓分众传播,是区别于大众传播的一种新的传播形式,它是指传播者根据受众需求的差异性,面向特定的受众群体或大众的某种特定需求，提供特定的信息与服务。从接受者的角度来看，是各得其所、各取所需。分众传播的特点在于信息传递是多点到多点，受众面更窄、针对性更强，承认不同个体间的差异，尊重不同个体的个性。从这一角度来看，我们可以更好地理解第三集团的垂直类新闻应用。以“汽车之家”为例，汽车之家是全球访问量最大的汽车类网站，艾瑞咨询的统计数字显示，汽车之家每个月的覆盖人数接近8000万，中国网民浏览汽车资讯时，60%的时间用在汽车之家上，汽车之家可以说是汽车领域最成功的垂直媒体。2012 年 7 月，汽车之家正式发布手机客户端，虽然进入移动终端的时间不算早，但基于之前在垂直门户网站的长期积累，汽车之家手机客户端的成功似乎也是一件顺理成章的事。从做咨询到做服务，从单纯地介绍车到成为汽车的交易平台、服务平台，汽车之家的一步步转型既符合新闻传播的规律，也符合商业规律。

第四节　其他应用

新媒体技术的发展不仅影响着人们信息获取的方式和信息内容，也影响着人们日常的娱乐方式、交通出行、生活购物等各个方面。本节以改变人们娱乐方式的直播类 App 和带来极大便利的交通类 App 为例进行阐述。

一、网络直播类应用

（一）网络直播现状

国内网络视频直播最早兴起于 2008 年 9158 推出的视频直播社区，该视频社区主要以草根明星、平民偶像为主，通过与在线观众的互动积累大量人气。9158 的成功引来大批视频网站探索新型互动模式。这一时期视频直播网站均在抢占“直播”市场，为吸引人群观看，直播内容以美女主播唱歌、跳舞为主，而客户端主要为电脑。2010 年，YY 推出移动 YY；2012 年，风云直播和 Mars 直播上线，越来越多的网络公司开始将目标转至移动市场，不断开发各种直播客户端应用软件。由此，网络视频直播开始由电脑端向移动端发展。移动直播初期以游戏直播为主，这主要得益于国内游戏市场规模的快速扩张。通过游戏直播，主播可以迅速积累超高的人气。2014 年,YY 剥离游戏直播业务成立虎牙直播,同年,斗鱼由 A 站独立,二者成为游戏直播最初的"双龙头"。2015 年成立的龙珠、熊猫通过抢占赛事资源、挖掘人气主播等方式快速抢占市场,游戏直播已然成为电竞产业中不可或缺的角色。目前,移动视频直播仍处于高速发展时期,并且将触角伸向除游戏以外的其他领域。数据显示,经过多年发展,移动视频服务已积累了成熟庞大的用户基础。根据《中国互联网发展报告 2020》数据,截至 2020 年 6 月,中国网络视频直播用户规模达 5.62 亿。而随着网络视频直播的多平台化、多类型化发展,其用户数量还将不断增长。再加上受到众多 90 后、00 后年轻群体的喜爱,网络视频直播必将影响到使用群体乃至非使用群体的日常生活习惯。

(二)网络直播特征

1.技术可行性

一方面,网络技术让人们能够实时发布视频。国家大力提倡"三网融合",在这一背景下,互联网、流媒体技术日益发展,人们的时空距离得以压缩。4G、5G 网络及 Wi-Fi 的普及降低了流量门槛,网络主播可以在不同场景、不同时间随时随地直播,而用户也能够在任何时间观看直播。互联网技术的优化升级降低了视频内容的生产成本和用户的消费成本,给文字、语音、短视频、在线直播视频带来了新的发展机遇。技术上的实时性让信息生产更加快捷,信息的完整性得以保存,较之于文字和图片对事件叙述的非全面性,网络视频直播为观众提供了一个更为真实的了解信息的渠道。直播让发布主体同用户之间的距离缩减到最小,使用户对直播的各个环节都有新鲜感和身临其境感,进而产生强烈的参与意识。

另一方面,智能手机和应用软件不断更新,让视频直播更加便利和人性化。用于直播的软硬件设备不断发展,例如,主播可以用各种设备美化自身形象,或利用图像缩放、图像增强技术,让直播画面更加美观。对声音画面进行编码的音视频编码技术、硬件编解码技术、音视频加密技术使直播过程变得更加顺畅,满足了用户观看直播的观感诉求。此外,网络视频直播可以多人同时与主播进行文字、表情交流,而主播可以将对话实时分享给其他用户,用户根据自身的喜好可以发送"礼物"打赏主播。这一系列环节的实现得益于"连麦"技术的发展、超大规模聊天室技术的支持和近年来不断完善的弹幕功能。智能手机和无线网络的发展,突破了制约移动直播的技术瓶颈，直播的门槛大幅度降低，从明星直播到普通人直播，越来越多的人接受这种传播形式，直播队伍逐步扩大，也预示着全民直播时代终将到来。

2. 去中心化

早期的电视直播往往以重大节日活动或者是重要讲话为主，观众看到的多是官员、明星、知名学者等公众人物，直播者必须有一定的影响力或号召力，而一般人无法参与直播过程，更不可能根据自己的喜好来进行个人化直播。因此，电视直播较网络视频直播而言，具有中心化、精英化的特征。此外，现场直播不仅要耗费大量的人力物力，还需要有专业技术人员和设备，对技术和专业的要求让电视直播成为一种稀缺性资源，而网络视频直播为普通人参与直播提供了可能：每个人不分年龄、性别、阶层，不需要专业的直播技术素养，只要懂得如何使用直播平台，都可以用过网络进行直播。它是一种几乎没有门槛、没有限制的人际交流和沟通的载体。传统电视直播的仪式感在这里被弱化，曾经的精英化、中心化氛围被消解，取而代之的是自下而上的传播模式，人人都是直播的生产者和参与者。可以说，网络直播是草根化的表达，是普通人对自身的展示和交流，也是对自身话语权的争取、表达与回归。

3. 分享化

如今，网络中的社交不再局限于简单的熟人圈了的日常文字、图片、语音交流，而是通过社交平台将照片发布在上面，分享自己的日常生活。网络视频直播又进一步以其强大的互动性、实时性颠覆了传统的文字、图片、语音社交，实现了从浅层社交到深层社交的转变。网络视频直播平台的共同特征是可以将直播 App 同拥有庞大用户基数的社交账号绑定，用户可以通过社交账号进行直播并将其分享至社交平台。许多年轻人很快适应并喜欢上这种分享化的社交方式，直播吃饭、化妆、学习等成为越来越多的年轻人生活的一部分。如今，一些高校老师开设各种直播课程，也十分受学生欢迎，这可以说是网络视频直播“分享化”在教育领域的体现。

4. 社群化

以往，媒体的信息分发以“点对面”的大众分发为主，然而在移动互联网时代，这种粗放式的传播方式已经无法满足人们的需求。随着互联网的发展，人们认识外部的途径越来越多，因而更愿意寻找和自己有相同兴趣爱好的人进行交流。网络视频直播内容的细分化和垂直化发展,为具有相同兴趣的人们提供了一个稳定的交流平台。比如网络游戏直播是网络视频直播社群化的典型代表,用户通过观看主播打游戏,既学习了打游戏的技巧,又在这一过程中与主播进行了互动,逐渐形成具有超高黏性的社群关系。除了网络游戏直播外,还有以靓丽的外形,或者唱歌、跳舞等方式吸引大批粉丝的主播,他们的人气和收入也十分可观。网络视频直播的社群化还体现在直播主体的自由选择上,每个人都可以开设直播房间,决定直播内容,或是手工绘画,或是弹唱歌曲,甚至是卖商品,总之,主播总能吸引到相同爱好者参与到直播互动之中。

5. 多元化

网络视频直播平台经历了从直播到游戏直播,再到泛娱乐直播、移动直播的过程。在泛娱乐的趋势下,移动直播异军突起,形成全民直播之势,直播平台纷纷跨界,涉及户外、体育、科技等多个领域;其他垂直类直播则在自己领域深耕,获得长足发展。对于泛娱乐的垂直直播而言,对直播的要求更高,如对画质要求高(演唱会直播)、对内容生产工具要求高(户外直播),等等。但泛娱乐直播平台发展迅速,收入丰厚。全民直播映客 2015 年上线,2016 年月营收已经过亿,峰值甚至超过 2 亿;而演唱会直播更是来钱迅猛,乐视网与汪峰合作的北京鸟巢演唱会吸引了 7 万多网友付费收看,一次收益就超过 200 万元。

二、交通出行类

交通出行类 App 以用户需求为导向,通过移动定位有效对接司机和乘客,提高了城市交通资源的利用率,一定程度上缓解了人们交通出行难题。从 2012 年开始,用户在体验出行 O2O 新生活的同时,也见证了打车软件市场的残酷竞争。从营销的角度看,每一轮较量都是创新营销策略的比拼,只有创新才能生存。

2010 年 8 月,国内第一款打车 App 易到用车正式启动。随后,摇摇招车、快的打车、滴滴打车、大黄蜂、嘟嘟、百米等众多打车软件相继诞生。经过市场淘汰,2013 年下半年,快的并购大黄蜂,快的和滴滴之间的竞争进入白热化。2015 年 2 月,滴滴和快的正式合并,共同应对竞争对手易到用车及国外打车软件巨头 Uber。除了打车软件之外,出行 O2O 市场上还有致力于开发顺风车细分市场的嘀嗒拼车和致力于开发公共出行细分市场的嗒嗒巴士拼车、考拉班车以及哈罗同行等巴士拼车 App。由此,出行 O2O 市场从 2010 年发展至今,行业不断洗牌,竞争残酷而激烈。

“滴滴出行”是涵盖出租车、快车、顺风车、代驾及公交车等多项业务在内的一站式出行平台,于 2012 年正式推出,并于 2014 年独家接入微信平台,客户可以通过微信平台打车和支付出行费用。2016 年 9 月 26 日,滴滴出行宣布对共享单车平台 OFO 进行数千万美元战略投资,双方在城市出行领域展开全方位合作。2016 年 8 月,滴滴出行首次宣布进入租车领域;9 月,滴滴租车在上海正式上线,并在武汉、成都、青岛启动试运营;11 月,滴滴出行与安飞士达成合作,涉足海外租车业务。

从滴滴出行近几年的发展来看,其有两个方面的优势:第一,滴滴出行善于整合各种资源。(1)有效且快速地整合了路线资源。滴滴出行通过与地图类公司的合作,整合了大量准确的路线资源。详尽的路线资源不仅可以为司机导航,还可以让用户通过实时的路线来追踪、判断司机的位置,并且监督司机是否绕远路,从而保障用户的安全和权益。(2)滴滴出行整合了司机资源。司机需要通过一系列严格的申请与审核才能有“上岗”的机会,不仅对司机个人的基本信息、财务信息进行审查,还要对司机的车况进行审查,从各方面确保用户的安全与乘车体验。(3)滴滴出行整合了车源资源。滴滴出行全面整合车源资源,业务范围涉及顺风车、快车、出租车、专车、代驾、试驾,成为服务内容最齐全的打车软件,以满足不同的消费需求。(4)滴滴出行全面整合市场资源。以滴滴出行借助微信社交平台带来流量为例,2014 年滴滴出行正式与微信达成合作关系,借微信这一社交平台的庞大用户群吸引了不少流量。第二,滴滴出行巧妙地进行市场营销。一是对市场进行细分,将业务细分为顺风车、快车、出租车、专车、代驾、试驾以及公交车等,目的就是拓展新的市场,全面扩大市场占有率。二是进行福利补贴。滴滴出行对新用户和使用频率较低的用户经常发放优惠券,吸引他们使用滴滴出行。除了以上两个原因外,滴滴出行还具有信息处理速度快以及通过不断迭代优化满足用户需求的优势。同时,滴滴出行的售后服务也很到位,不仅为用户购买乘车保险(用户免费),而且为用户提供多元的乘车体验反馈渠道。基于位置服务的应用滴滴出行改变了人们以往的出行方式,用户输入出发地和目的地即可,系统接收到打车请求后便自动向附近空车司机发送打车提醒,大大缩短了用户等车的时间,同时也减少了司机的空车率。

思考题

1. 简述社交化媒体对社会政治、经济、文化的影响。

2. 简述社交化媒体的传播特点。

3. 社交化媒体的发展趋势是什么?

延伸阅读

1. 斯丹迪奇. 社交媒体简史[M]. 林华,译. 北京:中信出版社,2019.

2. 瑞安. 理解社交媒体[M]. 明月,英双,译. 北京:电子工业出版社,2017.

3. 冶进海. 社交化传播时代电视媒体发展策略[J]. 中国广播电视学刊,2019.

4. 田智辉. 我国移动传播的研究状况[J]. 新闻与写作,2019.

第五章　新媒体艺术

学习目标

- 掌握新媒体艺术及视觉传达、视觉文化的基本概念
- 熟悉新媒体艺术的特征
- 了解新媒体装置艺术的概念
- 了解新媒体艺术的发展方向

新媒体艺术源于20世纪60年代的观念艺术、早期未来主义宣言、达达式行为和20世纪70年代的表演艺术等。早在20世纪20年代，无线电的大规模使用就让一些敏锐的德国艺术家意识到，这种可以向群体发送信息的媒介似乎可以成为自己创作的工具，这使得原本带有实用主义色彩的介质成了当时的"新媒体"。信息革命使个人电脑成为计算机的主要形式，掌握了使携式摄影设备的艺术家，开始将这一媒体用于艺术表现，新媒体艺术由此开端。

对于新媒体艺术，目前学术界并没有统一权威的定义，通常是指以光学媒介和电子媒介为基本语言的艺术形式。可以说，新媒体艺术是一个历史时间概念，在每个阶段都有不同的新媒体艺术，这个概念不是固定的。

中央美术学院特聘教授张尕说：利用科技发展所产生的新媒体创作出的艺术作品都可被称为新媒体艺术。

当前，新媒体艺术主要是指那些利用录像、计算机、网络、数字技术等最新科技作为创作媒介的艺术品，例如影像艺术、装置艺术、虚拟现实艺术、数字图像以及实验性音响等，是包括单频录像带作品、录像装置作品、多媒体光盘和网络艺术等的大家族。

第一节　新媒体视觉传达

一、新媒体视觉传达概述

了解新媒体艺术,首先要了解视觉传达的定义。人类认识世界的两大主要器官是视觉和听觉,它们具有远距离优先性。在人类所有感觉中,视觉占据着极为重要的位置。在认识客观世界的过程中,人们通过视觉得到的信息占70%以上,其余20%来自听觉。我们经常说“眼见为实”“百闻不如一见”,就传达出了视觉效果的强大作用。视觉器官具有其他器官不具备的直观性,这种直观性可以给人们带来更多的冲击力和感染力,真正体现了视觉在信息传播过程中的重要性。通过视觉获取信息成为信息社会传播机制中最重要的渠道。

视觉传达是兴起于19世纪中叶欧美的印刷美术设计(Graphic Design,又译为“平面设计”“图形设计”等)的扩展与延伸。以电波和网络为媒体的各种技术飞速发展,科技日新月异,给人们带来了革命性的视觉体验。

(一)概念

视觉传达是人与人之间利用“看”的形式所进行的交流,是通过视觉语言进行表达传播的方式。不同地域、肤色、年龄、性别的人们,通过视觉及媒介进行信息的传达、情感的沟通、文化的交流,视觉的观察及体验可以跨越彼此的语言障碍,消除不同文字的阻隔,凭借对“图”——图像、图形、图案、图画、图法、图式的视觉共识获得理解与互动。

视觉传达包括:“视觉符号”和“传达”两个基本概念。所谓“视觉符号”,就是指人类的视觉器官——眼睛看到的表现事物一定性质的符号,如摄影、电视、电影、造型艺术、建筑物以及各种科学、文字等。所谓“传达”,是指信息发送者利用符号向接收者传递信息的过程,它既可以是个体内的传达,也可以是个体之间的传达,如所有生物之间、人与自然、人与环境的信息传达等。它包括“谁”——“把什么”——“向谁传达”——“效果”——“影响如何”这四个程序。

(二)效果

视觉传达是人与人之间利用视觉器官进行的交流,借助媒介产生的视觉语言,人们可以进行信息的传达、文化的交流与情感的沟通。视觉传达可以跨越因语言不通、文字阻隔而造成的沟通障碍。当今多媒体凭借丰富的图像、视频,使人们在视觉的互动中获得某种共识。例如,数字技术使得人们可以足不出户,在互联网的虚拟世界中体验异国风情、美味佳肴,提高了跨文化交流的效果。

美国著名广告大师奥格威被《时代周刊》称为"最抢手的广告奇才",以他为代表衍生的广告 CI(Corporate Identity)理论成为广告设计的指标。CI 理论有三个子系统:企业视觉识别系统(Visual Identity,VI)、企业行为识别系统(Behavior Identity,BI)、企业理念识别系统(Mind Identity,MI),强调从企业传播、视觉识别等多方面建立完整的立体的企业形象,从而达到企业广告宣传的最终目的。在广告宣传时,视觉传达是重要的表现手段,可以从排版、图案、颜色设计等各方面设计广告,从而让广告信息直观地进入受众眼球。

图案是最直接的视觉影像,最先反映在人的大脑里。研究证明,图案比文字更容易让受众接受。然而,受到资金及受众接受心理的影响,动态广告时长较短,静态广告更无法靠时间长短让受众留下深刻的印象。在这样的情况下,具有强烈视觉冲击力、深度内涵的广告更容易被受众记住,而具有深度内涵的广告也需要通过精彩的图案、美妙的画面表现才能起到事半功倍的效果。

无论是排版、图案还是文本内容,都需要贴合广告意图宣传的信息,也就是广告的主题。图案的创意设计不能仅限于自身的美感而损害商业利益,而要表达广告信息,做大众喜闻乐见的创意设计(图 5-1)。履行主题是视觉传达需要解决的问题,各领域有着自身独特的代表形象,例如矜重的商务风、现代的商旅风、奢华的珠宝风、喜庆的婚庆风等,若将各领域的形象特点打破又能配合得天衣无缝或许能让人眼前一亮,但若配合不好则会成为失败的典型案例。

图 5-1　视觉传达效果图——环保广告设计

二、新媒体视觉传达特征

在数字化的今天，视觉传达设计逐渐超越了它原有的范畴，走向更宽广的领域。数字艺术、数字影像、网页交互、多媒体广告等相继出现，数字视觉在不断挑战已有视觉形式的同时，也在充实着视觉传达的外延。新的视觉传达设计打破了传统设计门类的界限，产生一种新的媒体，这种"新媒体"综合多种媒体形式，集文字、图像、影像、声音、动画等于一身，结合互联网与交互技术，使作品具有一定的主动性和交换性，真正实现全方位、多感官地信息传播。

作为视觉传达的最新发展，新媒体视觉传达的设计原则、设计流程和设计方法与传统视觉传达具有原则上的相似性，但在传播、显示、操作等方面，新、旧媒体有着很大差异。例如：相对于印刷品而言，显示屏幕更适合"浏览"而不易于"阅读"；新媒体中各种信息以相互链接的方式存在，彼此没有顺序上的固定位置，信息随着浏览者的选择以非线性的方式输出，而传统媒介，无论是书籍还是影像，信息呈现都受到预先安排的顺序制约；传统视觉传达领域对于技术更新的反应相对迟缓，而以高速发展的科技为信息传播基础的新媒体视觉传达则要求设计时刻与科技紧密结合，并随着科技的进步不断发展出新的传达形式。

新媒体为设计者提供了前所未有的表现手段，为大众带来了更新鲜的视觉体验与更富于趣味性的信息获取过程。新媒体不仅使设计过程发生了变化，对设计风格、设计思维方式也产生了深刻影响。活动的版面布局及全方位的交互要求设计者时刻以运动的眼光看待版式编排和视觉效果，不但要考虑静态的视觉效果，还要设想视觉元素与观众互动之后可能呈现出的种种样貌，通过针对性的设计避免对信息传达造成干扰。视频、动画作为常用元素，与文字、图形共同构成版面。新媒体的易编辑性使设计师可以设计出多种版面方案和视觉效果，更大程度上满足人们的审美需求，更有效地完成信息传达。

新媒体融合多种媒介形式与多媒体技术，实现了同一平面中多个、多层信息的同时显示，并可根据浏览需要任意放大缩小、摆放、堆叠屏幕内容，信息呈现不再受版面尺寸或显示区域大小限制，交互式操作的加入也为传达过程增添了趣味。德国波恩联邦美术馆内陈列有一个以法老图坦卡蒙统治下的古埃及为主题的互动展示。在 4.5 平方米的展台上投射有顺着尼罗河谷延伸的整个法老统治区域地图，重要的城市、寺庙或历史事件发生地等信息在地图的相应位置都有标注。参观者用手触击任意信息点，与之相关的文化、宗教信息便会以文字、图像、视频或动画的形式展开，每组信息下方都会显示一些控制图标，可实现浏览链接信息、重新播放等功能。参观者面前的展示区域往往会有多个信息点，若在当前信息播放时又点击另一信息点，当前信息会自动关闭，并在原位置展开新的信息。同一位置、同一显示区域中，通过参观者自己选择、控制可交替显示多组信息，结合标注于地图上的地理位置，使参观者更易于理解各组信息之间的联系，也实现了在有限的显示区域内尽量详尽的信息展示。在实现有效信息传达的基础上获得最佳视觉美感是对视觉媒介的普遍要求，新媒体继承了传统媒体的版式风格，又结合自身特性发展出了独特的编排方式。

不同媒体形式在视觉传达过程中发挥的作用不尽相同，当多种媒体综合应用于同一场合、目的时，信息的传播就更加全面和贴切。在某次车展中，宝马 MINI-COOPER 车的展台吸引了众多观众的视线。只见宝马车借由投影与身后幕布及展台融为一体，幕布与车两侧的投影动画、文字在播放的同时，展台内车的引擎盖上也投射出各种虚拟人物形象和时尚图形。当感应到观众触摸时，相应元素与车后屏幕的显示内容便会产生与之呼应的不同变化。

优秀的交互设计能够充分调动观众的视觉、听觉、触觉、嗅觉等多重感官，以互动的方式让观众获取信息,具有非常强的带入感。苹果公司有一个十分成功的平面广告:色彩鲜艳的背景前一些做着不同动作的黑色人影手里举着一个白色小盒子尽情舞动,看到这个形象人们就会联想到 iPod 音乐播放器。随着这个广告的播放,iPod 让人们随时享受音乐的观念也深入人心。位于柏林的一家 iPod 专卖店的橱窗就布满了这组著名的形象,每个橱窗被不同色彩背景与人物动作的广告分割成三部分。与普通橱窗的不同之处在于,一旦有路人经过,广告内的人物便会立即舞动起来,直至路人离开才停止舞动。如果行人足够多,整组剪影人物会一起舞动,变身为一群疯狂的舞者,并且还会带动路人加入舞动的行列,享受 iPod 带来的动感体验。

美国女性新媒体艺术家凯密乐·乌特贝克曾做过一个名为《未命名 5》的互动视频作品,通过这个作品我们看到了互动感应技术为视觉传达带来的种种可能性。作品使用摄像头感应观众的动作,当人们在屏幕前走动、挥手、跳跃,做出各种动作时,身体覆盖到的显示区域内的抽象图形便会发生变化,视觉元素在屏幕内流动、挤压、伸缩,产生各种偶然性的视觉画面。作品的创作意图在于创造一个视觉系统,通过对展示空间内物理动作的感应产生流动的、耐人寻味的视觉画面。类似的方式若应用于实际的信息传达当中,我们可以想象,在不影响正常阅读的情况下,信息的背景将可能是动态的,感应浏览者的身体动作,展现给每个人独一无二的视觉效果。借助于各式各样的交互技术,观众可以加入、影响信息传播的过程,通过不同方式决定信息传达的最终效果。

在如今的生活学习中,运用多媒体技术展现事物已经成为各行各业发展所需。多媒体中的视觉传达是极为重要的信息表达方式,它引导着信息接收方的行为与思维。介绍公司的发展史,再优美的文字、再生动的措辞,不如多媒体展现的一张张图片或影像作品真实、直观。在这种视觉传达中,人们可以留出更多的思考空间,加入自己的理解,使得这种信息传达更有效、更深刻。试想,如果让总结会议、年度报告等多多加入多媒体的视觉传达方式,相信昏昏欲睡的会场一定会呈现出别样的生气。

信息时代,传统的视觉传达方式已不能完全满足信息传达的需求。科技的发展、多媒体手段的成熟,为视觉传达提供了新的形式。

新媒体作为新技术条件下的特定传达方式,吸纳传统媒体的优势,结合互联网及各种交互技术，更有效地实现信息传播，逐渐成为视觉传达最主要的方式。与传统设计门类相比，新媒体视觉传达有两个明显的特点：第一，它的表现形式更加多样，综合运用多种媒体，全方位地进行信息传达；第二，在设计方法上，新媒体视觉传达既借鉴了已有媒体的长处又有所创新，发展出适应新媒体特性的设计方法。

（一）传达方式的多样性

在数字化的今天，数字影像、数字电视、交互网页相继出现，视觉传达逐渐突破了原有的传播限制，视觉形式不断拓宽，向更多元、更宽广的领域迈进。

在传统视觉传达的基础之上，新媒体和新技术开拓出了更广阔的视觉传达领域。这种视觉传达形式以互联网与交互技术为媒介，集文字、图像、影像、声音、动画等于一身，成为新媒体条件下的一种“视觉特产”，真正使信息接收者拥有信息处理的主动性与互动性，真正实现全方位、多感官的信息接收。

新媒体条件下的视觉产品在表现原则、制作流程和设计方法上传承了传统视觉传达的特性，新媒体视觉传达的先锋性体现在产品的操作、显示以及传达形式等方面。

新媒体技术打破了传统媒体在视觉传达中仅限于浏览的局限性，可以使各种信息以超链接的形式存在，信息呈现没有固定的顺序，信息浏览者以非线性的方式选择输出信息。由此，视觉传达方式具备了多样性，而不仅仅只徘徊在书籍、广播、电视预先安排的选择当中。

媒体信息传播融入科技手段，为信息传播者提供了多样的表现形式。新媒体的交互性促使信息传播者时刻考虑以动态视觉效果设计产品，将产品与观众的互动需求融入其中。视频、动画将作为常用元素，与文字、图形共同构成版面。

（二）传达形式的人性化

新媒体融合了多种媒介形式与多媒体技术，实现了在同一平面上同时展示多种、多层信息的可能，浏览者可以根据个人需要随意放大、缩小、排列、堆砌页面内容，不再受显示顺序与尺寸的限制，增加了个人接收信息方式的主动性，增添了视觉传达过程中的趣味性，体现了信息传播过程中的人性化设计。

(三)传达行为的交互性

传统媒体以传播者为主动方,受众在一定程度上表现为被动地接收信息。新媒体对数字技术、视频手段的运用很大程度上改变了信息传播者与接收者之间的关系,受众在信息传播过程中除了简单接收,还增加了参与创作的过程,呈现出人机的互动效应。新媒体具备了互动的技术条件,将受众的视觉体验转化为心理的判断和选择,让受众以各种形式获得反馈,这种参与感是越来越多的受众选择新媒体的关键。

三、新媒体视觉文化

新媒体视觉文化传递信息的方式、语言和辨识度都和传统视觉文化有着本质的区别:一方面,网络和传媒技术为新媒体视觉文化的发展提供了技术支持;另一方面,媒体技术作为传递信息的手段,极大地丰富了新媒体视觉文化的传达。因此,新媒体视觉文化的发展也是一种必然。

新媒体视觉文化体现了时代的特征,数字图像传媒的广泛运用和快餐式消费文化的泛滥,使传统文化语境受到冲击。当虚拟的、现实的、中西混杂的新媒体视觉文化吞噬着我们的生活的时候,文化艺术也在这全新的语境中开始了新的洗牌。

卡西尔说过:“假如一个人不懂得这些直觉符号,不能感觉到颜色、形状、空间、形式、图案、和声和旋律的命运,那么他就同艺术作品无缘。这样,他不仅被剥夺了审美快感,而且还失去了接近实在的一个最深刻的机会。”新媒体视觉文化在带给我们审美愉悦的时候,也在以前所未有的速度修改着我们的“视觉空间”和“心灵空间”。不过,凡事都有两面性,新媒体视觉文化在丰富着人们生活的同时,也有以下几点倾向值得我们注意。

(一)通俗化

中国的古典艺术崇尚形与神、景与情的融合,用形象和形式彰显诗意般的审美境界,追求境生象外的审美效果。中国的古典美学一方面,追求主体对客体(自然造化)的心理感受(触景生情、直抒胸臆);另一方面,借助笔墨趣味进行审美体验,构建富有文化哲理的“心灵空间”。这种传统的审美写照主要是通过主观对客观的审美体验和艺术化的再现实现主观与客观的平衡统一。而西方的古典艺术推崇的是庄严典雅式的模仿自然，追求形式上完美逼真的镜像效果。古典和谐美作为古典美学的理想，主张将构成艺术的诸多因素如再现与表现、主观与客观、理想与现实、情感与理智、时间与空间等处理和组织为一个平衡、和谐、稳定、有机的统一。而当下流行的新媒体视觉文化，由于受到金钱、消费意识的全方位渗透，审美对象与审美主体之间的距离被彻底打破，审美不再是少数人玩味的阳春白雪，而变成人们日常消费的大众行为，审美距离的缺失，“艳”“俗”“丑”“荒诞”的内容和形式被无限放大，审美趣味的通俗化降低了对文化背景和素养的要求，人人都可以随时随地加入审美群体。

（二）商业化

科学技术与文化艺术的完美结合，使当代文化产业化、工厂化的趋势愈加明显。生产商为了追求利润，抢占更大的市场，不断地制造大量的视听产品，以此满足不同消费者的需求。遵循市场经济规律的新媒体视觉文化不可能再坚持古典的美学理想，要求“写实”与“表现”不能超越美学语言规范的审美原则，只能将“文化、娱乐、消费、商品”统统打包，一次次改版、一次次升级，满足人们的消费期待。新媒体视觉文化倡导的“写实”与“表现”是建立在主体意识基础上的，带有一定的实验性和创造性。因此，它的“写实”与“表现”用超越传统文化的语言模式彰显了当下的精神理想和艺术感悟。如果说传统的文化审美是一个静观的自觉行为，那么今天的新媒体视觉文化的狂轰滥炸就是一种不自觉的商业行为，商家采用文化折中原则，游离于法律和道德之间。文化娱乐商业化的导向，必然带来直白的、表象的审美泛化。文化的转型改变了传统的交流方式，网络媒体作为信息的载体，不断变换着带有商业目的图像符号，“视频直播”“短视频”……在你方唱罢我登场的热闹之中不断强化它们的消遣功能、娱乐功能和商业功能。

（三）审美趣味新异化

新媒体视觉文化通过移植、拷贝、嫁接、类像化等表现手段，将图像、声音等信息以互动、多维的形态呈现出来。新媒体视觉文化采用的媒介技术与传统视觉文化技术相比，有着独特的自由度，拼贴和移接是新媒体视觉文化的惯常手法，观者沉迷于影像营造的虚拟世界,情感得到满足,精神得到愉悦。文化媒介通过与新媒体技术的整合,将大众媚俗的文化趣味作为主流趣味放大,使其以奇观化方式呈现在世人面前:报纸杂志为了争夺受众大肆渲染猎奇媚俗之事;电视节目用电脑特技、滤镜、灯光等将画面打造得精致完美,吸引人们的眼球;电影运用声光电、数字技术构架惊险奇幻的情节,换取高票房和上座率……在市场经济的驱使下,人们不断地生产奇观化的文化产品,以最快的速度收回成本实现利润,美的创造必然受到诸多因素的限制。

20世纪初,以徐悲鸿、林风眠为代表的文化艺术精英"引西入中",力图通过借鉴西方绘画技法来改变中国传统审美文化样式,将西方的写实技法与中国传统形式相结合,将中国的写意品格与西方的审美追求相融通,突破中国视觉文化的水墨语言。今天,新媒体视觉文化通过奇观化把与传统文化秩序、美学规范的对立作为个性语言加以展示,弱化古典审美原则,强调互动交流,通过"另类"的语言模糊我们的现实世界,以此获得新的审美体验。虚拟世界中的审美体验紧密关联着生理感受,一种综合的、动态的生理和感官刺激,在使用者和参与者身上生成伴有意识和意义的特殊审美经验。

第二节　传统艺术的新媒体表现

中华民族拥有悠久的历史文化,在漫漫历史长河中,中国人的聪慧与才情创造了一大批独特的艺术形态,例如飘逸娟秀的水墨画、流畅而多样的书法以及活泼的皮影艺术、气势磅礴的敦煌壁画、精美绝伦的绘卷,等等。这些艺术形态不仅是中华民族的精神瑰宝,也是代表中华民族文明的符号,更是让世界了解中国的一扇扇窗口。

一、传统艺术与新媒体接驳

质优而量多的中华传统艺术在新媒体时代得到了更大的发展,同时也扩充了现代艺术的创作资料库,用新技术还原、解释、发展传统艺术成为现代艺术中十分重要的内容。早在20世纪80年代,《西游记》《红楼梦》《三国演义》《水浒传》被陆续搬上荧屏,并成为风靡数十年之久的经典电视剧,将传统小说以电视剧的方式呈现在观众眼前，让观众觉得焕然一新、趣味盎然。电视剧用声光影像为观众还原了小说中的场景，令观众沉浸在电视剧所营造的氛围之中，仿若置身于妖怪丛生的西游路途中，抑或是阆苑仙葩的红楼之梦，这种身临其境的感受让80年代的电视剧轰动一时，成为经典。

1920—2000年是中国新媒体市场快速发展的时期，传统艺术再一次焕发光彩，得到大众的普遍认同。早在1926年，万氏兄弟便创造出民族动画片《大闹画室》，它宣告了中国美术电影的诞生。但这部动画片并不是中国传统艺术与新媒体动画接触的开端，因为《大闹画室》只是单纯讲述了一个故事并以动画媒体形式展现出来而已。动画是一门综合型媒体艺术，是集合了绘画、录音、编剧、音乐等诸多门类的媒体表现形式，但能唱能跳的《大闹画室》牢牢抓住了人们的眼球，这为之后传统艺术动画片的发展奠定了基础。

1941年，万氏兄弟制作的黑白动画电影《铁扇公主》现于荧屏，影片将《西游记》中“火焰山”一节作为剧本基础，讲述了唐僧师徒在西天取经路途之中，在火焰山与铁扇公主周旋的故事。在《铁扇公主》的片头，万氏兄弟特地写道：“《西游记》本为一部绝妙之童话，特以事多误解，致被目为神怪小说。本片取材于是，实为培育儿童心理而作。”本片将原著中唐僧、孙悟空、铁扇公主等角色形象进行描绘与改编，通过动画技术呈现出来。在当时看来，这些形象的设定和技术的运用都是空前的突破与革新。整部动画融入了大量中国传统元素以及戏剧艺术，并用红色玻璃制作火焰的效果，在黑白动画中呈现出了彩色效果。无论是背景音乐的唢呐声，还是孙悟空等人的衣物服饰，抑或是背景中的曲苑回廊，整部动画极具中国传统艺术特色。《铁扇公主》片长9700尺，总时长1小时20分钟，成为亚洲地区第一部长动画，更是让日本“动漫之神”手冢治虫弃医学画的启蒙动画片。在世界电影历史上，《铁扇公主》成为和《白雪公主》《小人国》《木偶奇遇记》相提并论的第四部大型动画。这部动画之所以能够获得如此高的成就，除却超前的制作技术以外，便是西方国家没有见过的、神秘而独特的中国传统艺术。

随着彩色动画的传入与媒体技术的革新，中国出现了一大批彩色动画片，例如颇负盛名的《大闹天宫》《三个和尚》《小蝌蚪找妈妈》等。1961年，上海美术电影制片厂摄制完成彩色动画片《小蝌蚪找妈妈》，这是世界上第一部水墨动画片。制作者用中国传统水墨艺术绘制了全篇动画，其中的鱼虾等动物造型取自国画大师齐白石先生的经典作品。有别于迪士尼动画和日韩动画的是,水墨动画虚实结合、水墨晕染交相辉映的朦胧感使得画面充满悠远的意境。西方动画一般用实线勾勒底稿再辅以上色,色块均匀有秩序感;水墨动画则利用水墨画原理将毛笔沾染上水与颜料在宣纸上作画,晕染的色块没有边界、柔美、过渡感强,拥有渐变的感觉。并且水墨画讲究"留白"技巧,在留白之处给观众自由想象的空间,这让整个画面显得与众不同、意境深邃。

传统艺术与影视的结合是这一时代的主要呈现方式,因为当时的新媒体主要以电视为主,相较于报纸等传统媒体,电视等新媒体对人们来说更有新鲜感,而传统艺术让受众更有共鸣,为创作提供了丰沃的土壤,因此新媒体发展十分迅速。动画制作者瞄准了传统艺术这一领域,制作了一大批表现不同种类传统艺术的动画片,例如吸取了皮影戏元素的剪纸动画《渔童》《金色的海螺》等,还有借鉴其他传统元素的折纸动画、木偶动画等,均表现出含蓄而内敛的中国精神。苏州园林、徽派建筑等传统建筑艺术,古琴、琵琶、唢呐等传统音乐艺术,剪纸、水墨等传统美术艺术,善良、坚强的中华民族精神等都借由新媒体表达出来。这些动画片不但成为中国向世界展示自己的窗口,更深深影响了几代中国人。

1961—1964年,万氏兄弟再次创作了一部完全表现中国传统文化的动画片,它便是在国际上享有至高声誉,并且获得诸多国际大奖的长篇动画《大闹天宫》。手冢治虫曾经绘制阿童木和孙悟空相聚的漫画以纪念《铁扇公主》与《大闹天宫》等中国动画对他漫画之路的重要影响。《大闹天宫》以古典名著《西游记》前七回作为剧本基础进行创作,以神话形式展现孙悟空不畏强权、敢于斗争的自强精神,体现出孙悟空敢作敢当、大胆而有能力的形象。这对于当时的中国人来说是非常正面的鼓舞与精神引领。另外,剧中的角色、动作设计都经过细心雕琢,中国人的匠心精神在这部动画片中体现得淋漓尽致,这也是这部动画片能够取得巨大成功的重要原因之一。在孙悟空的设计上,张光宇先生曾经拿出过许多方案,但要么装饰性过强,要么制作复杂,都不适合动画媒介。传统艺术设计与新媒体在融合上出现了类似的许多问题,为了适应新媒体的特性,张光宇先生最终敲定了鹅黄色上衣、红色裤子的版本形象,线条看似简单,实际经过了复杂的设计和提炼。这个形象既能体现孙悟空的传统形象特点,又能充满张力地表现在动画之中,使得孙悟空的形象又一次走进千家万户。这部动画片影响了几代中国人,成为国产动画片永恒的经典，也造就了中国动画电影的辉煌时代。

中国传统艺术不仅广泛应用在国内的动画中，1962 年，黄齐耀作为华裔艺术家参与绘制迪士尼第五部长篇动画《小鹿斑比》。当时，迪士尼延续的是欧洲繁复的巴洛克风格，一针一线都力求精细，但是对于《小鹿斑比》的丛林设定来说，一针一线的要求实在太过苛刻、无法完成。这让迪士尼的动画师们头痛不已，但黄齐耀利用中国传统水墨画技法，用寥寥几笔毛笔晕染，便将复杂的背景用虚虚实实的手法分开层次，解决了迪士尼动画师们既要精细又不能事事精细的难题。同时，缥缈的水墨画风十分符合小鹿斑比生活的丛林的神秘感。2001 年，黄齐耀获封迪士尼"传奇人物"，中国传统水墨画风再一次登上世界舞台。

《铁扇公主》在亚洲地区具有极大的影响力，《大闹天宫》更是夯实了中国动画在世界动画舞台上的地位。随着动画制作者对于动画制作流程及技术的运用越来越熟稔，加之中国传统名著众多，动画剧本题材的来源十分广泛。20 世纪 80 年代左右成为中国动画发展的黄金时代。1979 年的《哪吒闹海》、1981 年的《九色鹿》、1983 年的《天书奇谭》、1986 年的《葫芦兄弟》，无一不是中国动画史上的经典之作。在这些动画中，哪吒、龙王、葫芦娃等传统人物以及极具中国特色的传统艺术形式被搬上荧屏，扩充了观众对传统文化的认知。《哪吒闹海》成为在戛纳电影节展出的第一部华语动画片，也成为继《大闹天宫》之后的又一个华语动画片高峰。与《大闹天宫》相同的是，两部动画片都取材于古典名著，而不同点是《哪吒闹海》进行了再一次的剧本创作。同时，《哪吒闹海》是中国第一部大型彩色宽银幕长篇动画，媒体技术更加精进、完善，动画的受众也由《大闹天宫》定位的全龄化变为面向儿童的低龄化。而由此以后的中国动画片便愈来愈向低龄化演进。

随着摄影技术的成熟，成年观众的市场逐渐向电影电视剧领域转移。1977 年，中国电影电视剧产业开始复苏，中国电影电视剧进入一个蓬勃发展的新时期。1982 年，央视版《西游记》电视剧开拍，同样根据吴承恩的经典小说《西游记》改编，与之前的动画片不同的是，这部电视剧没有截取某一章节或进行较多的改编，而是比较完整地还原了原著。无论是剧情、角色、服饰、背景，都尽量还原了小说中的场景，画面效果丰富，显现了壮美瑰丽的西游之路，更是深刻表现了经过九九八十一难才能得到正果的中心思想。在当时 CG 技术、特效技术寥寥无几的拍摄条件下能够完成至此，花费了所有参与人员大量的心血。电视剧自 1986 年首播至今，重复播放超过3000次，并被翻译成多种语言版本输出国外，成为20世纪80年代中国的文化标签之一，而这部电视剧在中国电视剧历史上也成为不可超越的神话。

《西游记》作为经典IP经久不衰，时隔多年，无论是改编成动画还是电影、电视剧，依然能够获得观众的喜爱，通过20世纪60—80年代新媒体的输出，不但让世界知道了这个东方古典名著，更成为日本、韩国等亚洲国家轮番改编的重要IP之一。例如日本1986年播出的动画《七龙珠》、1990年韩国播出的动画《新编西游记》等。虽然这些动画均对原著作出了较大改变，但依然能够看出这一时代新媒体的广泛传播力，从而让中国传统文化对亚洲地区产生了重要影响。

1990—2000年，日美动画占据了中国动画市场，《铁臂阿童木》《忍者神龟》等题材新颖、充满未来科幻味道的国外动画受到欢迎，国产优质动画逐渐减少，只有1999年的《宝莲灯》让人印象深刻，但也无法与国外动画抗衡。这一时期，尽管媒体技术逐渐成熟，但内容为王依然是媒体时代的重点，失去了内容的媒体手段变得空乏无力，二者只有相辅相成，媒体手段才能发挥出传播的巨大价值。国产动画走势逐渐低迷，取而代之的是国产电视剧的大发展。电影、电视剧逐渐拥有审美意识，到20世纪90年代开始形成一个文化产业。《梅花烙》《鹿鼎记》《还珠格格》等电视剧迅速发展，这些影片均取材于中国古代民间传说，在亚洲地区影响甚大。

自1958年北京电视台第一次试播节目至2000年，中国20世纪的媒体发展可谓进步神速。从无声到有声，从黑白到彩色，从短片到长剧，媒体的发展成为我国输出文化产业的重要渠道，在政治宣传、形象塑造、经济发展等方面起到了至关重要的作用，媒体传播快而广、准而精的特点让中国传统艺术再一次焕发出新的生机。

二、传统艺术在新媒体时代的新发展

随着时代发展，新媒体的“新”也在不断更迭和发展，从20世纪的电视、荧幕向电脑、手机、全息技术等渠道延伸，新媒体呈现出多元化的发展趋势。

2000年以后，中国的新媒体艺术进入滞缓的发展时期。这个时期，Flash技术逐渐从应用在MV动画和短篇动画中向长篇动画转变，例如Flash动画《东北一家人》，配合着歌手的唱腔显得诙谐幽默。直到2005年，Flash动画《喜羊羊与灰太狼》出现在大家面前，虽然这并不是一部以表达传统艺术为主的动画，但是生动的剧情和可爱的形象设计依然获得了市场的肯定，成为 00 后小朋友儿时的记忆，也让中国动画市场重新振作起来。但用新媒体技术表达传统文化依然是影视艺术重要的一部分，传统文化可以保证影视作品拥有良好的 IP 基础，在内容优质的前提下进行改编和创作让制作流程更为简单。因此“喜羊羊”系列发行了《牛气冲天》《兔年顶呱呱》《开心闯龙年》等贺岁剧场版电影，展示了不少百姓节庆期间的生活与习俗，具有强烈的娱乐性和民俗特征。

2000—2010 年是新媒体艺术的探索时期，“喜羊羊系列”的成功促使一大批传统艺术与新媒体结合的动画涌现出来，例如 2007 年的 3D 武侠动画《秦时明月》等。在这一时期，还出现了一批求精而不求量，弘扬中国传统艺术的电影，例如 2002 年的《英雄》及 2004 年的《十面埋伏》等。《英雄》描绘了战国末期刺客刺杀秦王的故事，在电影中，导演利用不同色调展示回忆、现实、臆想等场景，电影中的城楼、箭羽、织布、服饰、颜色组合在一起，营造了荡气回肠的武侠氛围。这部影片将中国传统艺术表现得淋漓尽致，被美国《时代周刊》评为 2004 年全球十大佳片第一名，至今仍是许多外国友人了解中国的影视资料之一。

2005 年开始，动画的暴利、韩剧的炙手可热让国产电影有些坐立不安，电影制作者更多地把眼光投向特效制作上，以期用更新的媒体效果抓住观众的眼球，例如 2005 年电影《无极》和 2006 年电影《满城尽带黄金甲》。两部影片都以传统艺术为背景，《无极》在特效制作上有了质的飞跃，电影中满神向上飘着的头发，昆仑奴超越风的速度造成的时空转换等场景特效逼真。因此，这部影片虽然因过于追求特效造成剧情的夸张化、戏剧化，引起了一些非议，但依然获得了美国金球奖提名以及香港金像奖最佳视觉奖提名。与之相同的是 2006 年的电影《满城尽带黄金甲》，这部影片根据话剧《雷雨》改编，将历史背景设定为五代十国时期的皇室之间的爱恨纠葛。电影中的金线龙袍、盔甲战袍等制作精细，具有浓厚的中国传统元素特点，曾被提名为奥斯卡金像奖最佳服装设计奖。与《无极》不同的是，这部影片并没有用过多的后期特效，而是用华丽、繁多的物体进行堆砌，例如拍摄现场摆设的几万盆菊花、主演身上穿的 18K 金戏服、宫殿里站满的宫女、拍摄背景的雕栏画柱等，真实地反映了中国古代皇家的宏伟气派，是一场视觉上的盛宴。画面效果灿烂至极、极度绚烂，让国内外观众都能借此管中窥豹，一睹中国古代皇家的风采。因此，尽管这部影片也因为过度追求画面效果而忽略了剧情的设置，但依然获得了美国电影服装设计工会历史类最佳服装设计奖、美国电影艺术指导工会古装类大奖等奖项。

2008—2010 年是我国经济快速发展的三年,各类项目如雨后春笋般破土而出,但这三年是国产新媒体艺术蛰伏的一段时期。2011 年,随着 3D 技术的日趋成熟,上海美术电影制片厂和上影集团将 1964 年版《大闹天宫》改成 3D 版本,借此向华语动画电影致敬。3D 版本对老版剧情进行了改动,缩短了电影的总时长,突出表现了孙悟空的传奇经历。为了适应现代宽银幕,制作者将原来的窄屏幕画面改成了宽银幕效果,使得部分画面需要重新绘制。新版本首先对旧版本进行胶片修复,利用现代技术对旧版本的色彩进行还原。另外,3D 技术让这个版本的《大闹天宫》颜色更加丰富,叠加效果更好,层次感更加分明。不仅如此,新版本还对旧版本进行了更多的现代化数字处理与特效制作,让新版本更贴合现代动画趋势和审美。《大闹天宫》3D 版除了特效技术、画面色彩、声音、后期等方面有所改进以外,没有进行本质上的改动,依然保留了中国传统艺术风格,角色造型依然是旧版本的京剧脸谱,背景也依然是水墨风格与设计风格相结合,让动画在保持原汁原味的同时受到现代观众的认可。

2013 年,《魁拔 2》在微博上迅速走红,没有上映前已经被大家所熟知。这部动画开启了中国传统艺术动画的新纪元,尽管在人物设计等方面并非特别出众,但在中国动画电影低迷的十余年间能够有一部完整且优质的动画出现,还是足以让观众感动和欣喜。在这部影片出现后,观众才发现这个系列的动画早就有第一部和动画剧。可以看出,这一时期的动画宣传模式发生了变化,以微博为主导的社交媒体的传播力呈现爆发式的增长。基于《魁拔 2》的成功,2015 年的《大圣归来》与 2016 年的《大鱼海棠》都借鉴了此类宣传方式,结合微博、微信及各类营销号等媒体平台进行宣传和营销成为动画电影的新宣传方式。《大圣归来》在《西游记》的剧作基础上对中国古代传统故事进行了全新的演绎,动画片使用 2D、3D 和巨幕三种银幕公映,角色用三维技术制作而成,无论是毛发的抖动还是衣服的效果都有了质的飞跃。在这部动画片中,导演加入了中国上古神话中的神兽“混沌”等角色,融合了中西方武打动作,在音效方面融合了笛子与单簧管等中西方乐器,用三维技术表现出东方似形非形的水墨神韵,令人耳目一新。影片上映前夕,诸多具有声望的动画前辈在各类新媒体平台上为其发声,这部动画为十余年缓慢发展的国产动画架上了奔跑的车轮。2016年，另一部还未公映便已众人皆知的动画便是《大鱼海棠》，这部动画在微博上用“十二年磨一剑”“众筹”等标签标注起来，并在众多公交站广告牌上做广告，还未上映便成为炙手可热的动画。这部影片是一部基于魔幻题材的古风动画，其中角色名字源自《庄子·逍遥游》中“北冥有鱼，其名为鲲，鲲之大，不知其几千里也”，并融合了古书《山海经》《搜神记》以及上古神话“女娲补天”等中国传统经典元素，再加上福建土楼、凤凰、麻将等中国传统民俗文化符号，联合打造了一个介于人间和天上之间的世界。

新媒体时代，动画得到了大发展，成为宣传中国传统艺术的重要手段。除此之外，还有一些新媒体平台是不可忽视的，例如车载广播。在新媒体快速更迭的情况下，车载广播一直保持着较为稳定的发展趋势，车载广播能够满足车主获取路况信息、新闻信息、娱乐、文化、音乐等多方面需求。除了路况信息以外，昆曲、相声等传统艺术仍然是车载广播中最受欢迎的节目之一。昆曲、相声等传统艺术拥有大量宝贵作品，相声频道除了播放老一辈艺术家的作品、春节联欢晚会的经典作品外，也经常播出现代相声演员的精品之作。车载广播为宣传、发展相声等传统曲艺提供了渠道。

随着新媒体技术的不断演进，新媒体艺术有了越来越多的发展，也被应用在各种活动上。2016年G20峰会在杭州举行，制作者在开幕式中用全息投影技术结合实景水上舞台演绎了美轮美奂的梦幻杭州。制作者融合多种中国传统艺术符号，如团扇、飞檐翘角的亭式建筑等，还用西式艺术来表现中国传统艺术，如用芭蕾舞表现梁祝的故事，用交响乐表现《春江花月夜》，用古琴和大提琴合奏《高山流水》，等等，中国传统艺术和西方古典艺术的结合表现了中国与各国融洽发展的峰会主题。开幕式中最引人注目的节目之一当属在团扇上表现的全息投影技术，投影技术随着节目的变换呈现出不同的画面，或是国色天香的牡丹，或是红楼一梦，精彩纷呈的古代元素让人目不暇接。新技术与传统艺术的完美结合让世界看到了中国古典艺术的魅力。

2017年8月，天津全运会开幕式采用3D地面投影技术，与演员表演完美结合，呈现了一场耗资小、可回收、绚丽夺目的开幕式。制作者使用声、光、电、人、物来完成开幕式的表演，最受人关注的还是投放在体育场上不断变换的3D技术，配合道具呈现出光影与实物互动的效果。开幕式中还呈现了太极等中国传统文化艺术,通过传统艺术,新媒体建立了与受众的情感纽带,而通过新媒体的传播,传统艺术也重新焕发出迷人的光彩。二者相互结合,不但得到了总体大于两者之和的效果,更让二者都得到了更长久的发展。

2019 年 10 月 1 日晚,庆祝中华人民共和国成立 70 周年联欢活动在天安门广场成功举行。热烈绽放的焰火表演、璀璨夺目的光艺展示、激情澎湃的千人交响、时尚曼妙的同歌共舞,绘就了恢宏壮美的视听盛宴。“高科技光艺”中的“数字光影”令人赞叹,整场表演的关键是 3290 名群众演员每人手举一个光影屏,共同构成“巍峨的长城”“ 飘曳的风筝”“展翅的和平鸽”“ 飘动的五星红旗”等一幅幅主题巨幅动图。主创团队提出“和平鸽”的创意画面,北京理工大学团队首先将该画面用电脑数字模拟,置入二维场景中,拆解、细化成 3290 个模块,每个模块代表一个光影屏。之后,按照和平鸽展翅翱翔的轨迹确定每个模块的关键帧和时间点,据此为 3290 名群众演员制定队形变化、表演口令等训练手册。群众演员只需手举光影屏正确跑位,不需对屏进行任何操作。每块光影屏下方都绑有无线接收装置、内容存储装置和播放器,通过无线激发呈现存储器中的画面,最终,3290 个光影屏共同构成流光溢彩的巨幅光影图案。

第三节　新媒体艺术审美诠释与发展趋向

一、新媒体艺术审美诠释

新媒体艺术是艺术领域里一种较为特殊的艺术形式,它以先进的科学技术为基础,充分利用艺术创作者的想象和技巧,从而创建一个全新的视觉领域。它将人类理性思维和艺术灵感融为一体,是把计算机、数码技术、录像和胶片技术、网络技术相结合而完成的一种全新的艺术样式。它包括影像艺术、录像艺术、装置艺术、虚拟现实多媒体光盘、电子游戏、卡通动漫、网络艺术、数字图像以及实验性音响等。

新媒体艺术的关键在于艺术传播,艺术传播是指借助一定的物质媒介和传播方式,将艺术信息或作品传递给他者的过程。以往,从创作者创造出艺术作品到观赏者进行艺术欣赏,大多是通过简单的直接的传播方式,而怎样以一种全新的视觉角度去打破传统，从而引起人们的关注则成为新媒体艺术需要解决的问题。近年来，新媒体艺术的出现正是依靠世界科学技术的迅猛发展，电子技术、卫星技术、计算机技术等高新科技无一不渗透至新媒体艺术领域，使得新媒体艺术的优越性得到充分体现。在当代艺术活动领域，新媒体艺术已经显示出独特的地位，它对艺术品的传播方式、创作数量、创作速度、创作规模、创作周期以及对欣赏者的接受方式、欣赏情趣等，都具有极大的影响。

而新媒体艺术具有怎样的审美特征呢？首先，我们需要从艺术接受开始讨论。艺术接受是相对于艺术传播而言的，它指在传播的基础上，以艺术作品为对象，以欣赏者为主体，进行积极能动的鉴赏、批评和消费活动，是欣赏者对艺术作品进行知觉感受、体会和解释评价的复杂的心理活动过程。艺术接受是艺术活动的终点，也是艺术家及艺术作品内在价值获得最终实现的根本途径。而对艺术作品的审美过程就存在于欣赏者对艺术作品的鉴赏与批评活动中，这个过程是对艺术作品进行审美认知、诠释和创造，是和艺术家进行精神交流和对话。黑格尔说："美是人类最早的老师，美的教育具有解放思想的品质，没有审美的过程，就谈不上美术的功能。"新媒体艺术的审美也是如此，它是一个非常复杂的过程。新媒体艺术作品的创作手段具有多样性，应用技术具有复杂性和差异性。现在，互联网已经渗透至人们的日常生活中，已经成为整个社会不可或缺的生产工具和生活方式之一。除了从传统的电视上看到媒体作品，更多影像艺术频繁亮相于互联网上，带给人们不同的审美体验。和传统艺术相比，新媒体艺术在视觉上给观众展现了真假莫辨、虚虚实实的场景。但它和传统艺术一样，都是迂回曲折地给人以潜移默化的感受。每个人都可以描述自己的审美感受，对不同的审美对象作出自己的判断。而不同的欣赏者对于同一审美对象得出来的结论又因欣赏者的情绪状态、心境、时间、环境、文化素质和爱好的差异而有所不同。相同的自然山川河水在一些人看来，可以是山河无限好，而在另一些人看来，可能就是满目萧条。相同的一份多媒体课件对一些学生来说，可以补充知识，增长阅历，而在另一些学生看来，则是徒有其表。

其次，新媒体艺术的审美要从美的本质出发。到底什么是美，美与丑之间又如何划分，没有一个明确的界限。培根曾说："美犹如盛夏的水果，容易腐烂而难保持。应该把美的形貌与美的德行结合起来，只有这样，美才会放射出夺目的光辉。"在人类社会的发展进程之中，美这一观念一直是与人文紧密结合的。人文是人类社会各种文化现象的总和,无论是石器时代洞穴上的壁画,还是现代绘画艺术,又或是利用高新技术而衍生出来的新媒体艺术,都闪烁着人文精神的光芒,都在其中传达了人类的某种思想和情感。而从另一种审美学观念来说,有时候,审美只是搅动了人们的某种情绪,却不会产生任何美感,甚至让人感觉到反感、厌恶。即便如此,它却能够给人们以启迪、暗示,使人有所觉悟。我们说它也不失为一种美。在新媒体时代,文化、理念、情感通过各种媒介传达给了受众,同样不可否认的是,受众在与新媒体的互动中也将自己的感受、文化取向、价值观传达给了媒体,两者之间不断交流和互相适应,促进了社会的发展。

再次,我们要将艺术审美与新媒体艺术审美区分开来。新媒体艺术是艺术的一部分,它既有艺术审美的共同特征,也有自己的个性特征。新媒体的一个重要特色便是虚拟现实,它摆脱了传统艺术对物质的依赖,用虚拟技术给艺术感受者带来了强大的错觉力量。它通过否定现实,创造出另一个变化多端的虚幻空间,人们在这个虚幻空间里可以感受到另类的震撼,这使得新媒体艺术审美变得复杂起来。对于一个成熟的以数字载体为媒介的新媒体艺术作品来说,它首先要有丰富多彩的媒体效果,它可以是文本、图片、图形、动画、声音、视频等任意形态的组合,一个有声音、动态的页面比静态的只有文字和图片的页面更能引起人们的注意,更具吸引力。人们可以通过多媒体的演示,完成对新媒体艺术作品的审美过程,从而更深入地了解作品,而不需要我们专门去展览馆、图书馆,通过专人讲解才能对作品有一定程度的了解。

最后,新媒体艺术作品还具备一个重要特征——交互性。新媒体艺术的审美特征越来越明显地表现在审美交互主体性和审美体验主动性两个方面。无论是创作者进行作品展示,或者是受众利用媒体技术进行咨询,都应该强调受众的主动参与。按照受众自己的兴趣、参与程度来决定审美下一步的走向。所以说,作品不仅作用于受众,向受众提供按照一定顺序编排的内容,而且在某一程度上应该允许受众反作用于作品,让受众可以用某种方式来自由地选择自己想要观看的内容,这就是新媒体艺术里面的一个交互功能。创作者在作品中注入自己的思想和情感,受众亲自去参与体验,在审美体验活动中对对象进行想象联想。这样不管是创作过程还是审美过程,总是带着创作者和受众各自强烈的审美情趣,也只有如此,我们才能在各种审美体验的过程中得到启发,引起共鸣。

总之,新媒体艺术在迎合科学技术的发展和人们审美需求转变的方面,在传统艺术和新的艺术载体融合、革新的方面是对视觉感受的补充,也是对原来美学观点的冲撞。

二、新媒体艺术发展趋向

(一)虚拟现实,获得"超现实"的美

《电梯》,借用玻璃、录像的重新生成,在现场的角落里虚拟出一个繁忙的电梯间的景象;《红门》,通过影像合成技术,对四合院的空间景观进行内外翻制,将墙外的景观变成一个虚拟的内部院景。如此,电梯中进进出出的来往人像、四合院的空间景观,都不是无中生有的,而是经过事先拍摄,后期合成的。

新媒体艺术通过虚拟现实,让受众暂时沉浸在虚拟空间中,获得一种"超现实"的美。当影像和符号本身成为模拟对象时,拟像与现实变得毫无关系,成为一种超现实。也就是说,通过数字化技术,虚拟现实可以无中生有地构造出非现实的生命体或者虚拟社会。如果说物像仿拟是"真实的虚拟"的话,那么拟像仿真则是"虚拟的真实"。比如加拿大艺术家夏洛特·戴维斯的《渗透》,就充分发挥了虚拟现实的沉浸感体验,虚拟出一座充满生机的绿色花园。人们只要戴上数据头盔,并在胸前装上测量仪器,就可以沉浸在这样的环境中,看见由计算机生产出的光线、露珠、昆虫、灌木丛、泥土、石头、根茎等虚拟物。

(二)刺激感官,获得"感受"的美

在美国新媒体艺术家迪马利尼斯的《雨舞》中,能充当扬声器的雨伞给受众留下了强烈的印象;在美国艺术家迈克马赫特里的《十六只鸟》中,鸟的巨大的翅膀以及由于多次拍打形成的一种持续而有节奏的风给受众留下了强烈的印象;在澳大利亚艺术家斯蒂拉克的《行走的头》中,那个可以向各个方向转动,可以点头、转动、倾斜、眨眼的头给受众留下了强烈的印象;在严鸿隐的《你又能说些什么?》中,无数的大嘴以及各自发出的声音给受众留下了强烈的印象。在 2015 年威尼斯双年展上,一名新媒体艺术家甚至将水汽充盈整个会场,再利用全息投影技术将光波投影在水汽上,水汽随着风不断运动,光线随之产生各种形态的变化,使作品借助气体

产生某种反应,获得了出人意料的视觉效果,现场的观众置身于迷离的光线之中,如梦似幻。

新媒体艺术通过强烈的感官刺激,让受众在“瞬间失意”中,获得一种“感受”的美。虚拟世界的审美体验紧密关联着生理的美感,或愉悦或痛苦,或快乐或伤心,或喜忧参半或悲喜交加。这种生理的美感在保罗·维里奥看来,是因为“瞬间失意”而引起的。所谓“瞬间失意”,是指“认知形式的不在场或从身体中消失,精神和肉体此时出现分裂”。简单地说,就是受众因为沉醉在虚拟制造的幻境中,一度出现失去意识或意识完全被感官控制的状态。这种因“瞬间失意”而产生的生理快感,会带来一种变异的审美体验。

新媒体艺术的表现形式很多,但它们的共同点是都采用电子信息技术、模拟技术或数字技术为载体进行创作。电子信息技术可以通过对模拟信号或数字信号进行变量处理,制造出感官方面的冲击力,让受众在当下的自在与满足中,自娱自乐,释放外在压力所带来的焦虑,获得瞬间的审美体验。

(三)通过互动,获得“互动”的美

新媒体艺术的互动性特征是人所共知的,新媒体艺术的先驱罗伊·阿斯科特就认为,新媒体艺术最鲜明的特质为连接性与互动性。在互动装置艺术中,其空间感必然促使受众参与到艺术作品中,实现一种在场的审美。比如 2013 年由北京邮电大学数字媒体学院与四川省江油李白故居联合制作的项目,受众只要向输入设备挥手,屏幕上的动画版李白便会拿起酒杯,邀请受众一起举杯望月,并说出相应的诗句。

受众在参与中体会艺术家的创意,并进一步触发出自己的思想火花,得到一种理解和创造的愉悦。数字技术与互联网的出现,使艺术中的互动更加便捷,其表达方式的即时性和共时性特点,使得受众也成为作品的创造者之一,实现一种在线的审美。

新媒体艺术通过受众的参与、互动,使得审美主体不再局限于欣赏艺术作品本身,而是可以直接进入艺术品的创作中,可以直接参与改变和完成作品的影像、造型,甚至意义。这种新的审美体验不仅缩短了艺术与大众的距离,而且也重建了因虚拟生存而失落的人的主体性,使受众获得了一种互动创造的美。因为交互的双

方是平等的，没有传统艺术中的主客体之分，受众不再是被动地接受艺术，艺术家也不再是单向地传达和表现理念，而是营造一个让受众能够参与其中的环境，提供一种新的认识与理解世界的角度。其作品永远都没有完结的时候，这样的审美不是静观和沉思，而是多元、动态的，具有无边性和开放性。

三、未来新媒体艺术特征

新媒体艺术的审美过程就存在于艺术接受者对艺术作品的鉴赏和批评活动中，每个人都有自己独特的审美感受，在审美过程中得到愉悦和启迪。而作为新媒体艺术，更偏重于使用先进的科学技术，集虚拟现实、数字、交互、多媒体融合等众多尖端科技为一体，形成自己独特的审美特征。

（一）可进行数字化复制

在相当长的历史时期内，艺术品很难复制，复制手段也较为烦琐。因此，传统艺术品具有独一无二性。而当复制技术出现后，这一情况发生了变化。本雅明在其著名的《机械复制时代的艺术作品》(1936)中说，艺术品的魅力在于其所具有的“此时此地”和“独一无二”的特质，而机械复制的艺术品却失去了“灵韵”。看过《蒙娜丽莎》或《泛舟午宴》的印刷画的人也会熟悉这种感觉——不管印刷画如何忠于原作，仍不可避免地失去了原作的感染力。

随着数字技术的快速发展和新媒体的不断涌现，在技术上对艺术品或者其中的某些信息进行筛选、复制和传递已经变得非常容易。在数字时代，所有艺术品都处于丧失其“灵韵”以至于无休止地复制循环之中。从传统摄影向数字图像处理的转型中可以看到这种情况：一张数码照片除了由“镜头和光线对一种事物或者事件进行记录”外，也可以轻而易举地用多种图像复制、拼贴而成，甚至是一种完全合成的图像生产。

新媒体生产制造的这些“摹本”，不仅仅是从前某个艺术品的复制品，而且也是一种独一无二的创造。在这种意义上，任何“摹本”都是一种“原作”。同时，数字技术的复制创新力量将美学思想带入生活的方方面面。正是这种广泛的普及性作用，将美学的影响扩大到传统媒介不能深入的地方：不仅仅是地理的空间，更包括审美水平的空间，受众审美能力得以快速提升。换言之，技术的进步不仅没有使“灵韵”消失，相反，技术恰恰是艺术重构“灵韵”的巨大能力。正是这些善于利用数字技术手段的各种新媒体，巧妙地使经典“灵韵”再生，创造出一种新型的“灵韵”。

(二)可实现数字仿真与虚拟技术

虚拟世界是对一个世界的仿真，在物理学的意义上它不是真实的，但是它给受众以真实而深刻的审美体验。新媒体艺术借助计算机虚拟技术、数字仿真技术，能够创造出与现实世界极其相似甚至一模一样的虚拟景象。如利用 3Dmax 等一些 3D 软件制作出仿真效果图，以及通过一些具有“发布 Flash 格式虚拟漫游”“全屏展示场景和地图”“支持导入多地图”“支持多种音频格式”“发布视频漫游”等功能的“Flash 三维全景虚拟漫游制作软件”，可以在网上轻松地展示房产楼盘、旅游景点、宾馆酒店、校园风光等场景效果，让受众无须亲临现场即可获得身临其境的感受。

如果说以往的平面设计、工业设计、建筑设计、广告招贴等是源于现实的物像仿拟的话，那么互联网上的“界面影像”、花样翻新的网络游戏以及数字技术的科幻影视作品等，则将“真实的虚拟”发展为“虚拟的真实”。2008 年上映的美国科幻历险电影《地心游记 3D》，运用最新的 3D 立体影像技术，将凡尔纳 1864 年创作的科幻小说《地心游记》从纸上“活生生”地再现在银幕上，化为逼真的视听场面，观众带上特制眼镜后即可身临其境地体验地心旅程。在这里，数字虚拟技术创造出一种异质的虚构的现实，彻底突破了传统艺术真实观中虚拟与写实、真与假的二元对立关系，体现了数字艺术、电子传媒和现实体验的“三元合一”。现在，虚拟现实技术已成为人们获取某些真实体验的新手段，我们甚至可以在这种“虚拟真实”中享受到鲍得里亚所说的“超真实”的审美体验。

(三)具备深度交互性与动态性

从岩画和巫会的非语言传播，到诗歌和戏剧的口语传播，到造纸术和印刷术发明之后的文字传播，再到无线电发明之后的电子传播，回顾人类的大众传播史我们可以发现，传播的媒介形态日趋丰富，而传播行为也日趋自由。由于传播方式的限制，传统艺术活动中，各要素之间尤其是传播者与受众之间的互动交流不能很好地实现，数字变革使“我们进入了一个艺术表现方式得以更生动和更具参与性的新时代，我们将有机会以截然不同的方式，来传播和体验丰富的感官信号”。我们会发现，新媒体不同于传统媒体的单向性传播，它实现了数字化的集成与整合，实现了艺术元素间的有机互动。现在的数字照片不同于传统意义上的洗印照片，通过Photoshop等图片处理软件，数字照片可以被任意裁剪、修补、嫁接、拼贴等。新媒体艺术的深度交互性使传播者和受众的身份转换变得极其容易。就如人们可以把互联网上的照片根据个人审美进行修改或编辑，新媒体把美的生产者和消费者更紧密地联系在一起，大大增强了受众的参与程度。新媒体艺术产生出与传统艺术迥然不同的审美特征。

超现实主义画家杜尚1919年绘制了若干幅《带胡须的蒙娜丽莎》。在《蒙娜丽莎》的彩色复制品上，用铅笔为蒙娜丽莎画上了小胡子，其中最有名的一幅就是*L. H. O. O. Q*，这成为杜尚的艺术名作。而如今，给蒙娜丽莎脸上画两撇胡子不再是艺术大师的专利，互联网创造了大众参与、交互共享的动态美学。正如尼葛洛庞帝描绘的那样，在数字文化时代，那些“已经完成、不可更改的艺术品”的说法已成为过去时，许多人在互联网上对各种艺术品进行随心所欲的复制、涂抹与扭曲。“数字化使我们得以展现艺术形成的过程，而不只是展现最后的成品。这一过程既可能是单一心灵的迷狂幻想，也可能是许多人的集体想象。”

思考题

1. 新媒体艺术的表现形式有哪些？
2. 新媒体艺术的新特征表现在哪几个方面？
3. 新媒体艺术的发展趋向是什么？

延伸阅读

1. 童岩，郭春宁. 新媒体艺术导论[M]. 北京：中国人民大学出版社，2018.
2. 丘星星. 新媒体互动设计教程[M]. 北京：清华大学出版社，2019.
3. 童岩，姜申. 新媒体艺术观念的趋向[J]. 中国人民大学学报，2013.
4. 张锦. 新媒体艺术创作中的文化传承[J]. 新闻研究导刊，2019.

第六章　新媒体视频

学习目标

- 掌握新媒体视频的基本概念
- 熟悉新媒体视频的特征
- 了解新媒体视频的发展趋向

第一节　新媒体视频的概念与特征

一、新媒体视频的概念

对于新媒体视频，目前学术界并没有统一权威的定义，通常是指建立在以数字技术为核心基础上的，以新媒体为传播载体的视频形式。新媒体视频是一个不断变化的时间概念，在每个阶段都有不同的新媒体视频出现，例如相对于传统电视视频来说，网络剧是一种新媒体视频形式，而对于网络剧来说，短视频、直播、VR 等是近些年炙手可热的新媒体视频形式。因此这个概念不是固定的，而是随着新媒体的演进而不断变化的。新媒体视频不断突破旧有框架，使视频产业在传播方式、内容结构、消费方式等方面产生了翻天覆地的变化。视频与新媒体的融合彻底改变了人们的生活习惯和方式，带给传统视频媒体前所未有的机遇与挑战。同时，各类视频在新媒体时代得到迅速而广泛的传播，能够在最短时间内积累大批浏览量，这是在传统视频时代无法想象的事情。

2017 年引爆新媒体视频经济的网络剧和网络电影，在短时间内迅速成为各大视频网站的主攻方向，但随后网剧数量有下降趋势。《2019 中国网络视频精品报告》（以下简称《报告》）显示，2017—2018 年网剧数量由 295 部减少到 283 部，2018 年网剧的原创剧本占 59%，和改编类型此消彼长，总体产量呈减缓势趋。网剧播放头部效应明显，爱奇艺、优酷、腾讯占比达 94%，处于绝对垄断地位。网络剧不但依托新媒体得到广泛传播，更有堪比影院大片的优秀质量，甚至在内容上逐渐赶超传统电视剧。

网络电影是指基于互联网发布的电影，具有与院线电影一样精良的制作水准，符合标准的也可以在院线进行投放。《报告》显示，2018 年上线的网络电影产量呈现下降趋势，从 2016 年的 2463 部下降到 2018 年的 1526 部。其中爱奇艺产量领先，以 1018 部的数量位居第一。头部网络电影预算在 2019 年突破 1000 万，分账纪录创新高，以 2014 年的《成人记 2》和 2018 年的《大蛇》为例，四年间增长了 7909%。网络电影整体质量稳步发展，精品化趋势明显，独播、付费比例不断扩大。互联网仍然是新媒体时代最大的传播平台，因此依托于互联网进行传播的视频也是新媒体视频的代表，相较于号称下一个时代视频载体的 VR 产业，互联网视频具有更加成熟的技术和运营体系，在未来很长一段时间内仍然是新媒体视频的中坚力量。

另外，直播、短视频等新媒体视频在 2020 年同样发展迅速，这些依托于新媒体技术的视频形式拥有方便快捷、可最大程度利用人们碎片化时间等特点，同时拥有更丰富的视频内容。新鲜的内容和形式牢牢抓住了用户的眼球，增强了用户的黏性，因此直播与短视频市场仍然有较大的发展空间。

二、新媒体视频的特征

（一）快速便捷

随着 5G 时代的来临与新媒体技术的不断发展，视频能够更加快速地上传、下载、分享。无论是微信中可以一传十、十传百的 15 秒小视频，还是各视频网站上的电影，都可以在几秒或是几分钟内下载完成，给予用户更加流畅、清晰的视频体验，满足人们对于虚拟现实、超高清电影电视剧、高清直播等的观看需求。

另外，为了使手机、平板电脑等移动端的视频能够最大化地利用人们的碎片化时间,新媒体技术让视频格式变得更小、更方便传播,无论是在地铁上还是在等车途中,人们都可以随时随地顺畅地浏览网络视频,这种观看体验更加贴合当今用户的生活方式。视频网站的优化让用户可以下载喜欢的视频,网盘的出现与网络资源共享让视频的传播更加广泛,新媒体视频逐渐渗透进人们的日常生活中。

(二)互动性

互动性是新媒体视频的特殊属性。随着新媒体视频发展越来越快,其互动特征也越来越明显。弹幕、刷礼物、留言等互动行为越来越多,逐渐成为新媒体视频中不可或缺的一部分。早在传统电视剧中,就有电视台采取一周一拍的方式进行制作。在一周时间内,观众可以在留言区表达自己想看的剧情发展,制作方可以根据观众需求对剧本等进行修改,这也是有的电视剧有不同版本结局的原因。这种电视剧制作方式让观众可以参与剧情设计,但是众口难调,有时反而会让剧情制作失去方向。因此,新媒体视频制作方不断积累制作经验,在拍摄前就做好目标人群、制作标准等市场调研工作,互动的重点更多放在弹幕、留言等网站功能上,以及明星访谈、微博互动等活动中。通常网络剧播出的时候就有数万人参与,超高的点击量和互动性是传统电视媒体无法比拟的。近年来,传统电视节目在转型过程中也加入了互动环节,例如在屏幕上打出“手机摇一摇,参与互动”等,让传统电视媒体与新媒体视频传播模式更加靠近,形成多方互动的传播模式。

网络直播具有非常明显的互动特征。在网络直播中,视频主播通过直播平台与观众直接进行视频对话,观众则通过点赞、留言等方式与主播进行互动,更有“送礼物”等延伸功能让主播注意到自己,形成了“一对多”的即时互动效果。主播的即时反馈让观众有种与明星面对面交流的感觉,超强的互动特征加深了主播、平台与观众的黏性,从而为平台带来了巨大的流量。

(三)媒介综合化

媒介综合化是新媒体时代视频产业的显著特征,“网台联动”成为2017年新媒体视频产业炙手可热的播出方式。随着传统媒体现代化转型的步伐加快,传统电视台与视频网站播出的界限越来越模糊,传统电视台与视频网站用户也逐渐重合。现在,一些电视剧在视频网站率先播出,积累了一定的口碑和观众量后再在电视台等传统媒体上播出，即“先网后台”，例如《扶摇》《延禧攻略》等。这种方式让电视台和互联网形成联动体系，传统媒体的公信力与互联网强大的传播力互相为对方提供了有效支持。

除此之外，如今网民的整体结构逐渐稳定，新媒体视频的媒介综合化表现在：融合微博、微信公众号等传播渠道，为电影、电视剧、视频进行宣传；通过直播、访谈、真人秀、综艺节目等手段增加明星和视频的曝光率，进一步增强用户的黏性。从而使新媒体视频真正形成多维一体的传播模式，传播力度不断增强，受众面不断扩大，巩固了新媒体视频在互联网经济中的地位。

第二节　新媒体视频发展现状

2020 年 CNNIC 第 46 次《中国互联网络发展状况统计报告》显示：截至 2020 年 6 月 30 日，中国网络视频(含短视频)用户规模已达到 8.88 亿，占网民整体的 94.5%。网络视频具有巨大市场，用户数量逐年增长。

网络视频有多种类型，第一种是指通过电视、电脑或移动设备等终端，观看网站提供的视频。这种网络视频一般使用格式较小的 FLV 流媒体格式，还有 MOV、RMVB、WMV 等格式类型，可以通过 QQ 影音、Media Player、Flash Player 等播放器观看。第二种网络视频是指基于网络平台传播的视频，例如自媒体视频、广告视频等。第三种则是指视频聊天、直播等通过网络进行实时视频互动的行为。数字技术让网络视频传入千家万户，为用户带来了更便捷的生活方式。

一、IPTV

IPTV 是一种交互式网络电视，集互联网与多媒体于一身，向用户提供电视节目、网络视频等智能服务。IPTV 可以进行节目浏览、点播、直播、回放、预约等功能，打破了传统媒体无法与观众互动的壁垒，让观众可以自由观看电视节目。IPTV 让传统媒体充分利用互联网等新媒体资源，使传统媒体有了进步和发展。

随着政策的逐步放宽与运营商的积极推广，我国 IPTV 得到了快速发展。起初，IPTV 的发展并不是一帆风顺的。因为用户选择了 IPTV，便几乎不会再选择有线电视，这意味着电信运营商与有线电视市场存在巨大的利益冲突，新媒体与传统媒体的矛盾在此时尤为凸显。2015 年 9 月,国务院发布了《关于印发三网融合推广方案的通知》,推进三网融合的建设,IPTV 拥有了与有线电视平起平坐的地位。2018 年,IPTV 呈爆发式增长,截至 2019 年 3 月底,三家基础电信企业发展 IPTV 用户达 2.72 亿户,相比 2018 年整年净增加约 1.17 亿户。另外,随着新媒体发展越来越快,全面普及宽带网络以及提高网速、降低收费成为建设科技社会的重要手段。在这些背景下,IPTV 又重新开拓了市场,得到了快速发展。中央广播电视总台《超高清视频产业发展行动计划(2019—2022 年)》通知:到 2020 年,不少于 5 个省市的 IPTV 平台开展 4K 直播频道传输业务和点播业务;要增强 IPTV 网络的承载能力,推动超高清电视在 IPTV 中的应用。如今,各类智能终端向电视端的转移使 IPTV 的功能更加完备,电视从单向输出的视频媒介走向交互式媒介,并在将来随着网速提升、收费降低,以及融合更多的游戏、VR、全息技术等更新的媒体技术后,IPTV 有可能成为家庭活动中不可替代的载体。

随着 IPTV 的发展,各大运营商期待共同切分这块大蛋糕。但是从目前来看,中国移动、中国电信与中国联通三家运营商均有各自的瓶颈和桎梏,从 IPTV 的交互设计到各自的服务、运营模式,依然有需要改正和避免的问题。IPTV 在未来的发展会更加迅速,运营商需要转换思维,共同发展好 IPTV 市场。新媒体技术为 IPTV 市场带来了巨大的机遇,也带来了更艰难的挑战。

二、互联网视频

互联网视频是新媒体时代数字技术与网络技术结合的产物。与 IPTV 不同,互联网视频网站是以网络为平台,输送 FLV 等格式的视频网站,例如 YouTube、优酷、B 站等涵盖分享与原创内容的视频网站,或是以 PPTV 网络电视、暴风影音播放器、爱奇艺 PPS 等为代表的直接向观众播放视频的影视门户网站,以及湖南卫视打造的芒果 TV 这类独家提供卫视全部节目的视频平台和播放省级卫视节目的中国网络电视台,等等。

用户可以通过电脑、电视、移动终端等设备浏览互联网视频,相较于有线网和电信网,互联网具有联通世界的功能,这使得互联网视频拥有全世界范围内更多的视频资源。另外,新媒体的技术发展为互联网视频积累了庞大的用户群体,高网速、低收费让观众拥有更好的用户体验。

互联网视频的用户群体以年轻人为主，针对这一用户群体的特征，互联网视频平台打造了针对年轻群体的播放策略。例如优酷以“3＋X”配合“6＋V”播放策略直击目标人群，“3”为欢乐喜剧、热血青春、纯美绝恋三个板块，“X”为超级网剧，播放最新、最火爆的自制剧，例如2017年暑期档中收获40亿播放量的《春风十里不如你》等具有话题度和播放量的剧集，此外还有《白夜追凶》《军师联盟2》等网剧，为观众提供了丰富的视频资源。另外的“6”为脱口秀、喜剧、真人秀、亲子类、偶像养成、音乐类节目，“V”为垂直类热播视频。这一策略涵盖了大量年轻人喜爱的节目，同时，根据热度不断更新的视频让优酷可以始终站在潮流的前端，去糟存精的策略为优酷未来的发展奠定了基础。

B站在互联网视频大变革时期脱颖而出，它是以弹幕为特色，主要以播放二次元动画为主的视频网站。弹幕系统营造了一个虚拟时空共同观影的氛围，让喜爱“宅”在家里的二次元爱好者拥有了超越时间和空间的观看体验。另一个在大浪淘沙中崛起的互联网视频网站当属芒果TV，这个平台是唯一能够播放湖南卫视节目的视频网站，涵盖了湖南卫视的所有节目，从根本上解决了节目播放版权以及资源分发等问题。芒果TV在新媒体视频变革时期改进了节目体系，增加了更多观众喜闻乐见的节目类型，并且在功能上结合点播与部分节目直播，打造了高品质的电视节目互联网视频平台。

2013年被称为互联网视频元年。这一年，随着技术的进步和政策的扶持，互联网视频真正到达产业的拐点。抓住这一机遇，不但优秀的娱乐视频作品如雨后春笋般涌出，宣扬中国文化的视频作品也比比皆是，例如广受好评的纪录片《舌尖上的中国》《我在故宫修文物》等，这些互联网视频发挥了巨大的文化价值，成为中国输出软实力的重要渠道，让互联网视频得到了更大的发展机遇。随着新媒体技术越来越成熟，新媒体视频也进入了繁荣的大发展时期，经过十余年的探索后，互联网视频拥有了完整的产业链，各大视频网站精确定位用户，逐步拥有了稳定而庞大的用户群体，结合越来越多的优质内容，互联网视频产业将创造更大的经济、文化价值，未来的发展不可限量。

三、移动网络视频

移动网络视频是基于手机、平板电脑等可移动设备播放网络视频的媒介形式，受众可以通过移动设备浏览音视频文件。移动网络视频是对传统媒体与互联网的延伸,IPTV 打破了传统电视单向传播的媒介特质,PC 端视频更是增强了互联网视频的交互作用,移动网络视频在二者基础上又具备移动便携性,成为更新的媒体视频传播方式。移动智能设备层出不穷,带动了用户的消费欲望,移动端的便捷性以及可以利用碎片化时间等特点让其成为网络视频载体中最重要的一种类型。CNNIC 报告数据显示,截至 2020 年 6 月,我国网民规模达 9.40 亿,其中手机网民规模达 9.32 亿,手机网络视频已成为用户观看网络视频的主要渠道。移动网络视频改变了用户的娱乐、生活方式,浏览网络视频已进入"碎片化"时代。

移动设备打破了时间和空间的局限性,只要有网络,用户可以在任何时间、任何地点浏览视频。这个特点符合如今快节奏社会的生活需求,如同工人时代人们喜欢在火车上阅读报纸一样,互联网时代人们喜欢利用碎片化时间吸取更多信息,这是电视和电脑无法比拟的优势。

根据中国网络视听节目服务协会发布的《2019 年中国网络视听发展研究报告》,2018 年 12 月,手机网民平均每天上网时长达 5.69 小时,较 2017 年 12 月净增 62.9 分钟。其中,短视频的时长增长贡献了整体时长增量的 33.1%,排在首位。随着电视等传统媒体与互联网不断融合,电视也具有越来越强的交互性,同样能够满足用户上网观看海量节目的需求,并且电视具有更加宽阔的屏幕,是中老年用户群体更好的选择。在电视等传统媒体的转型发展下,直播、短视频等新媒体视频形式成为移动网络视频新的增长点。

第三节　新媒体视频未来发展趋势

一、短视频成为新风向

《2019 年中国网络视听发展研究报告》显示,短视频对新增网民的拉动作用最为明显。最近半年新入网的网民对短视频的使用率为 53.2%,仅次于即时通信、网上搜索和网络音乐,排在第四位。

手机网络视频用户数量稳定增长,在"提速降费"等政策影响下,用户在手机上观看短视频逐渐成为新媒体视频产业中的新风向。短视频是时长在五分钟以内的新媒体视频形式，它更好地利用了用户的碎片化时间，在短短几分钟内能传递大量的信息，同时由于时长较短，占据的流量更少，传播速度更快。2014 年起，各类短视频 App 拿到融资的新闻络绎不绝。同时，“网红经济”成为短视频孵化成长的重要条件，papi 酱、小野等原创短视频博主在 2016、2017 年迅速走红，积累了大批固定粉丝，短视频也迅速成为内容创业的新风口。短视频“短、平、快”的特点让其可以迅速传播；近乎免费的微信、微博及其他短视频平台让原创者可以进行低成本的运营维护；新媒体时代信息传播快、社交化、互动性强的特点让短视频更容易获取关注者。短视频是新媒体视频时代的必然产物，其繁荣与新媒体技术的发展程度有着密不可分的关系。

由于微信是封闭式社交软件，其短视频的传播范围不能达到微博等开放式社交软件的广度，因此在微信中，短视频营销通常以公司宣传、公众号链接为主。但微信属于强关系社交软件，相较于弱关系社交软件而言，更具有权威性和可信度，因此微信短视频可以通过朋友圈的分发达到精准投放目标人群的效果。然而在粉丝经济时代，朋友圈的用户数量难以建立庞大的粉丝经济圈，因此短视频的主要传播渠道依然是抖音、快手等短视频 App。在这些短视频 App 上，网络红人 IP 拥有巨大的商业价值，如 papi 酱抖音粉丝约有3300万，摩登兄弟抖音粉丝约有2800万，这些网络红人的商业价值从线上延伸到线下，人气不输明星。除了短视频 App 外，还有一种宣传类短视频传播平台，以优酷等视频网站或户外媒体为主，例如国内某短视频团队在北京地铁屏幕上播放公益广告，以短视频、微电影的形式向大家展现“常回家看看”的公益主题。基于北京地铁线路多、覆盖人群广的特点，这种公益广告取得了良好的宣传效果。

在新媒体日益成熟的技术条件下，“内容为王”成为短视频未来发展的主要需求。2016 年社交类短视频平台“抖音”上线，它以音乐配合 15 秒短视频的形式向大家展示各自的生活情境。2020 年 9 月，抖音对外宣布日活跃用户超过 6 亿。上线仅 500 天就一举压制了快手的龙头地位。随着抖音用户数量越来越多，快速更新与大量原创内容的出现，加之强大的宣传力度，抖音已经占据短视频 App 的大部分市场，而其他众多的短视频 App 也紧随其后，不断提升品牌影响力。短视频市场将迎来一场大浪淘沙，真正的铄金将留在新媒体视频产业中，共分新媒体时代的大蛋糕。

二、直播大发展

直播是指实时播放的播出形式，在传统媒体中，直播通常应用于大型活动，例如阅兵式、大型晚会以及体育赛事等活动中。在新媒体时代，直播又衍生出了一种新的形式，用户可以通过手机等终端进行网络直播，例如抖音、花椒、映客等 App。根据第 46 次《中国互联网络发展状况统计报告》，截至 2020 年 6 月，我国网络直播用户达到 5.62 亿，占整体网民的 59.8%。网络直播的主要类型有游戏直播、体育直播、真人秀直播和演唱会直播。根据艾瑞网发布的《2019 年中国游戏直播行业研究报告》，2018 年中国游戏直播平台用户规模达 2.6 亿人，2018 年游戏直播市场规模达 131.9 亿元，可见游戏直播是直播领域中的重要组成部分。

2012 年，YY 直播首先推出能够应用在电竞中的直播插件，YY 直播让 YY 语音得到成功转型，并于 2014 年改名为虎牙直播。在游戏行业得到重新发展的同时，游戏直播也得到了生存发展的条件。诸多游戏直播平台在 2013 年涌现出来，例如斗鱼、熊猫 TV、战旗、龙珠等，而在发展初期，直播市场尚未规范，直播平台的竞争十分惨烈，网红 IP、明星出场等营销手段层出不穷。在激烈的竞争之下，一些主播开始“剑走偏锋”，导致一部分直播平台涉嫌违规操作。面对混乱的直播市场，文化部开始进行整改，经过创建初期和 2015 年的大爆发之后，游戏直播拥有了全新的面貌，在 2016 年正式进入平稳发展时期。

除了游戏直播外，真人秀直播也十分受欢迎。这些移动直播平台在很大程度上满足了普通人接触明星、追求优势资源的欲望。大量粉丝聚集让直播平台成为网络红人的竞技场，而直播也从最初单一的唱跳向购物、旅游等行业延伸扩展。

在未来发展中，直播行业将逐渐步入正轨，健康的平台定位、更加优质的直播环境、更具黏性的年轻用户群体让直播行业拥有十分广阔的前景。秉承实时播放的优势，结合用户和市场需求，直播平台将向更加多元化的方向发展。

三、VR 视频

VR(Virtual Reality，虚拟现实)是利用计算机技术模拟现实世界的技术。VR 作为一种交互性、参与性极强的模拟系统，可以让用户有身临其境的感觉。

如今，VR 遍布社交、搜索、视频、游戏、硬件等领域，成为各类巨头公司期望发展的下一个新媒体。VR 的真实效果与便携性让“VR＋娱乐、游戏、电商、社交、医疗、教育、旅游”等领域重现无穷机遇。根据高盛分析报道，预计 2025 年，VR 或 AR 等头戴式显示设备的规模将会超越电视和平板电脑，进入下一个新媒体时代。

国内的 VR 技术主要应用在旅游、游戏等领域。2015 年，北京西山凤凰岭景区的千年古刹龙泉寺推出虚拟现实应用“全景龙泉寺”。在应用中，用户可以体验虚拟寺院，领略龙泉寺的风景，了解寺院布局以及参与佛堂早晚课、诵读经典等。传统行业纷纷搭上 VR 技术的快车，例如博物馆的文物展示、教学互动，美术馆的艺术展览，等等，既节省了人力、物力、财力，又达到了宣传目的。故宫在早些年推出了《紫禁城——天子的宫殿》等 VR 作品，利用虚拟现实技术将紫禁城完美展现在大众眼前，人们可通过手柄操作“漫步于”三大殿各角落，也能通过“上帝视角”俯瞰紫禁城的全貌，浏览紫禁城宫殿的结构以及搭建过程，这是现实中游客无法体验到的。VR 技术搭建了故宫与游客的桥梁，让故宫在新媒体时代焕发出新的生机。

2016 年，故宫明代瓷器展览再次使用 VR 视频技术，带领游客“亲临”考古现场。在展览中，游客佩戴 VR 眼镜后，就能从北京的紫禁城穿越到江西的景德镇陶瓷考古现场，装置陶瓷的窑炉、散落在地的瓷片如同在手边一样触手可及，实现了智慧化的博物馆浏览。随着 VR 技术的不断发展，VR 游戏、短视频、体育产品越来越多，例如真人射击 VR 游戏，可以让用户如同在真实的射击场一样，体验更加刺激的虚拟世界；“VR＋体育”推出了作品《城市漫游》，用户戴着 VR 设备在室内跑步时犹如在城市中慢跑，在雨天或其他恶劣天气下仍然能够进行锻炼，打破了时间和空间的限制。

人们计划在未来，VR 应用在医疗、教育、体育赛事、演唱会、旅游中：医生可以跨越国界帮助患者进行治疗；学生可以深入动植物体内学习生物，或与历史人物并肩指点天下；球迷可以站在偶像球员的身边，粉丝可以与明星进行近距离的互动；旅游爱好者可以上一秒站在美国大峡谷，下一秒就站在挪威的峡湾上欣赏极光。VR 能够最大程度地节约资源，沉浸式体验为未来 VR 视频时代开启了新篇章。

但目前，VR 技术尚不够成熟，在 2017 年已购买 VR 设备的用户中，满意率尚未过半。技术的不成熟、高昂的设备费用、内容的匮乏与低质、市场的不稳定等因素制约着 VR 市场的发展。尽管 VR 技术在慢慢进步，但事实上，它还有很长的一段路要走。我们期待,裸眼 VR 以及在技术、体验等方面都有更大进步的 VR 产品的出现。只有突破技术的限制和内容的瓶颈,VR 才会迎来真正的春天。

思考题

1. 新媒体视频的特征表现在哪些方面?

2. 新媒体视频有哪些分类?

3. 新媒体视频未来发展方向如何?

延伸阅读

1. 宿志刚,谢辛. 视听新媒体概论[M]. 北京:人民邮电出版社,2019.

2. 赵杰. 新媒体跨界交互设计[M]. 北京:清华大学出版社,2017.

3. 周志平. 新媒体时代短视频发展存在的问题与发展对策[J]. 当代电视,2019.

4. 孙铭欣. 中国视频媒体市场的现状及特点[J]. 当代传播,2015.

第七章　新媒体产业与经营

学习目标

- 了解新媒体产业链
- 熟悉新媒体产业的经济特征
- 了解新媒体的主要业务形式和盈利模式

第一节　新媒体产业链

一、新媒体产业链概述

产业链是指产品提供的企业合作链条。产业关联性越强，链条越紧密，资源的配置效率也越高。

新媒体生产、流通和消费的全过程包括四大环节——新媒体产品经营和策划、新媒体产品制作、新媒体产品传播和新媒体产品消费。因此，新媒体企业根据分工主要包括四大成员：负责新媒体产品经营与策划的应用服务提供商（Service Provider，SP）、负责新媒体产品制作的内容提供商（Content Provider，CP）、负责新媒体产品传播的网络运营商以及提供新媒体产品消费载体的终端厂家。另外，虽然设备供应商和系统集成商不直接参与新媒体产品的生产和制作过程，但由于它们提供了新媒体产品生产过程中的“原材料”，因此它们也可视为新媒体产业链中的成员。

由于新媒体具有较强的交互性，用户往往是新媒体内容的提供者，因此可以看作是新媒体产业链中的一员。新媒体产业链如图 7-1 所示。

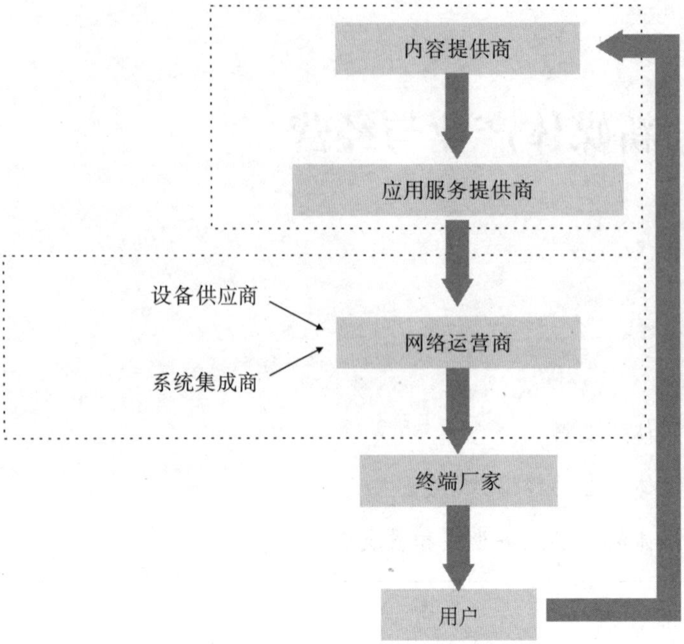

图 7-1　新媒体产业链

每个成员在产业链中都有着明确的分工,发挥独特的作用。具体如下：

(一)应用服务提供商

应用服务提供商负责新媒体产品的策划和运营,具体包括前期市场调研、确定新媒体产品的市场定位、策划新媒体产品品牌及产品组合、组织制作新媒体产品内容、制定并执行新媒体产品推广方案。这是产业链中离用户最近的环节,要保持对用户需求变化的敏锐度。一方面,应用服务提供商需要整合各种新媒体内容(集成、创作和管理),并根据用户需求开发各类新媒体产品;另一方面,应用服务提供商需要利用网络运营商的平台把产品传递给用户。目前,应用服务提供商主要有三大阵营:一是传统媒体企业,它们实行横向一体化战略,提供覆盖电视、广播、互联网、移动网等平台的一体化产品组合;二是提供新媒体传播的网络运营商,它们实行纵向一体化战略,成立下属公司或者设置部门开发和提供新媒体产品;三是新浪、搜狐等互联网企业。

(二)内容提供商

最初，内容提供商和应用服务提供商是以一个整体参与到产业链中的，随着产业分工的细化，分裂成两个环节。内容提供商专注于内容的创作、整理。由于新媒体产品的多样性和行业的竞争需要，导致应用服务提供商和内容提供商总是产业链中数量最多的部分。目前，内容提供商主要包括四类：第一类是拥有传统内容资源优势的专业内容提供商，主要是一些提供影视、新闻、音乐的专业制作公司和传媒机构；第二类是为迎合新媒体的发展，各类应用的开发商与运营商；第三类是交通管理部门、证券公司、银行、医院等信息源提供方；第四类是新媒体产品的消费者。

(三)设备供应商

设备供应商是产业链中网络设备和制作设备的硬件提供者，主要包括两大类：第一类主要提供新媒体产品制作、加工所需要的硬件设备；第二类主要提供传输新媒体产品所需要的网络设备。

(四)系统集成商

系统集成商是产业链中服务、资费、管理等环节的软件提供者和技术提供者，主要包括两大类：第一类是根据网络运营商的需求提供包含综合业务管理功能的各类系统平台，提供软件系统接入、计费、管理、监控、维护等服务；另一类是开发及维护新媒体获取、使用时所需要的各类软件系统，比如手机终端上的软件超市、内容分发软件等。

(五)网络运营商

网络运营商主要负责整合设备供应商提供的“硬件”和系统集成商提供的“软件”，在搭建移动通信网、互联网、数字电视网、数字广播网等基础网络平台的同时，开发新媒体产品的发布平台——用户消费的渠道和门户，并建立归属于网络运营商的新媒体产品综合管理平台(计费、监控、考评等)。网络运营商主要包括移动网络运营商、互联网接入服务运营商、数字广播网络运营商、数字电视网络运营商等。

(六)终端厂家

终端厂家负责提供接收和使用新媒体产品的硬件设备,主要包括手机、电脑、电视等。随着营销理念的发展,内嵌功能也逐渐被看作是最直接的营销策略之一。特别是在移动媒体产业链上,由于手机终端在功能和价格上的差异远远大于电脑,并对依托于移动媒体的产品经营有较大的影响,于是,终端厂家也成为新媒体产业发展的重要战略组成部分。

(七)用户

用户是新媒体信息的接收者,但由于新媒体网络具有交互性的特点,用户实际承担着信息接收者和内容生产提供者的双重身份,如博客、微博等。新媒体的发展是在交互技术、搜索技术等基础上实现的,因此新媒体对受众技术使用、掌握以及文化素质水平提出了要求。目前,新媒体的受众人群主要为上班族和学生群体。

二、产业链的变迁

新媒体产业链从传媒产业的角度看,是传统媒体产业链的拓展,在电视网、广播网上传播的媒体属于传统媒体,而在移动通信网、互联网等数字网络上传播的媒体产品就属于新媒体;从电信产业的角度看,新媒体产业链是传统电信业务的延伸,等同于信息服务类电信增值业务;从新媒体的组成要素看,新媒体产业链是通信产业和传媒产业融合的产物。因此,新媒体产业链从多个角度审视,产业链的成员虽然没有本质的区别,但对于产业链的启示则有不同。下面从通信产业链的延伸以及传媒、通信产业融合两个角度审视新媒体产业链。

(一)延长的链型产业链

在电信增值业务没有普及之前,电信产业链主要包括四大成员:提供网络硬件设备的设备供应商、提供软件系统的系统集成商、建设和运营网络的网络运营商以及制造终端设备的厂家,如图 7-2 所示。

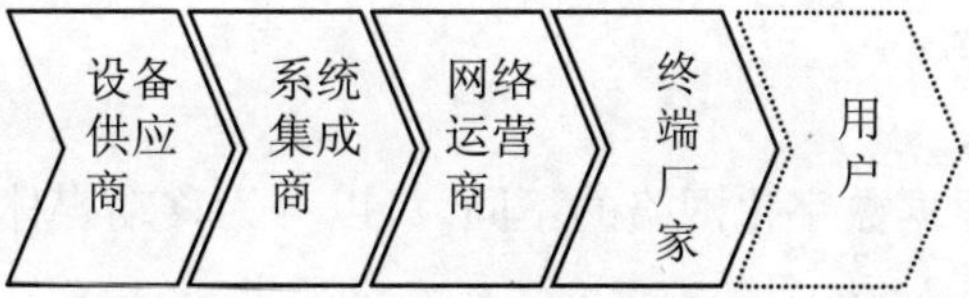

图 7-2 基础电信业务产业链

这种简单链型结构只包含与新媒体直接相关的网络建设、运营等几个环节，只能在通信网上提供“传递服务”，显然在“通信网上建商店”，提供多样化的新媒体产品，还需要有更多的环节支撑。而新媒体的发展、产业竞争的加剧，不断推动着产业链的裂变与延展。于是，延长的新媒体产业链出现了，如图 7-3 所示。

事实上，延长的结构就是在简单链型结构基础上增加了两个环节。

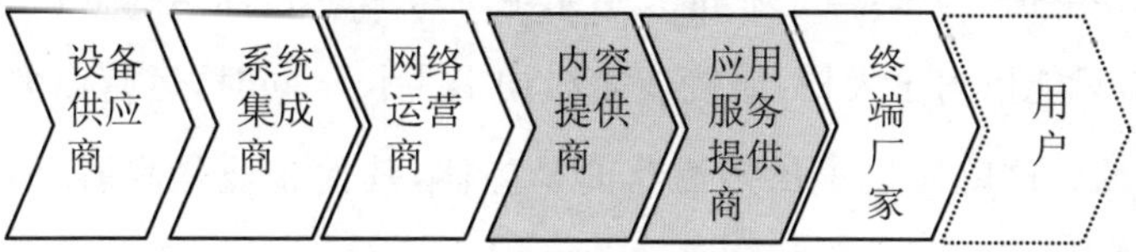

图 7-3 延长的链型产业链

内容提供商的角色比较容易理解。由于用户对媒体产品消费往往存在碎片化、多变性的趋势，因此在移动通信网、互联网等数字网络上提供的各类音乐、视频、新闻等新媒体内容显然不可能由某个企业独家提供，而需要许多风格各异的内容提供商来满足不同用户的需求，几个企业想垄断生产内容是不可能的。

那么应用服务提供商这个环节是否可以省去，由运营商搭建平台，内容提供商直接把商品放在网络超市中呢？答案是否定的。

我们可以参考传统媒体产业链的情况来解释这个问题。以书为例，作者相当于内容提供商，各大出版社相当于应用服务提供商，西单图书大厦等书店相当于运营商提供的网络超市。如果把出版社这个环节砍去，让作者直接和书店沟通，结果是书店需要花费大量的精力甄别、监控产品的质量，读者也往往会无所适从，难以判断哪类书是自己心仪的。结果书店只能变成一个类似于天涯之类的草根级媒体超市，这就意味着对用户收费变得很困难。因此，负责用户需求挖掘、产品开发、产品营销等工作的应用服务提供商是不能省去的。

(二)环型产业链

新媒体产业链根据数字化网络的不同,可以分为移动媒体产业链、网络媒体产业链、数字电视产业链、数字广播产业链等。由于移动网络有继承的收费模式,普及率较高,下面重点分析移动媒体产业链。

一方面,电信运营商(简称运营商)拥有终端用户订购关系,与用户有直接的联系;另一方面,由于政府的管制,运营商的数量是最少的,但又是必不可少的,在整个产业链中处于承上启下的关键位置,因此移动媒体产业链中的每个成员之间并不是对等的合作关系,运营商是产业链的主导者。有人用藤本植物来形容除了运营商之外的其他产业链成员。如图 7-4 的环型产业链结构,运营商是一棵大树,其他企业则像藤本植物。这些企业都要紧紧地围绕着运营商这棵大树,因为藤本植物不能直立,只能依附于大树,缠绕或攀缘向上生长。同时,运营商离开了其他企业也不能存活。这就体现了虽然运营商是主体,其他企业是附属,但双方互相依赖,共同发展。

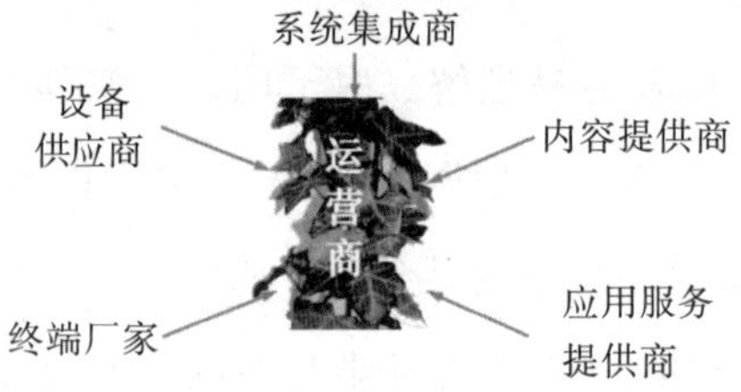

图 7-4 环型产业链结构

对于未来环型产业链的发展有两种观点:一种是运营商主导理论的延续,另一种则是产业合作理论的扩展。

1. 运营商主导的环型产业链

出于以下几方面因素考虑,运营商仍将继续主导整个产业链:

首先,运营商影响设备供应商。运营商通过采购必要设备搭建新媒体平台。运营商在和设备供应商的关系中处于甲方的位置。

其次,运营商影响终端厂家。终端厂家在把相关终端推向市场之前,要接受运营商的一些指导和规范,因为与手机媒体相关的终端在个性化和功能上的要求较高,终端厂家必须符合运营商规定的技术要求。而运营商为了扩大其相关业务的用户群，必然会对终端市场采取一些措施。

再次，运营商影响应用服务提供商、内容提供商。应用服务提供商、内容提供商需要将内容放在运营商相关的增值业务平台上，或者通过运营商的网络为用户提供内容，从业务申请、测试、上线，一直到上线以后的市场行为都受到运营商的规范和制约。

最后，运营商面向用户。用户在选择服务时主要考虑运营商的业务能力、服务质量、收费等因素，运营商只有维护好用户关系才能保持住产业的发展源泉。

2. 多方合作的环型产业链

首先，在环型结构中，合作通常限于产业链中相邻的上下游环节，但人们很快就意识到跨环节的合作也能带来商机。其中典型的是应用服务提供商与终端厂家的合作。为了更直接地把手机媒体产品传递给终端用户，有实力的应用服务提供商纷纷寻求与设备供应商展开合作，把最具代表性的产品内置于终端设备中。反过来，设备供应商也希望通过预置应用实现自己的产品差异化。

其次，信息流的循环也对环型产业链结构起到了催生的作用。学术界倡导产业链上下游要循环交流，共同开发手机媒体产品，不能单方面由上游企业推动或由下游企业拉动手机媒体的发展。

再次，运营商主导地位理论强调运营商控制一切，没有形成透明、开放的竞争合作环境，不利于产业市场的进一步繁荣。目前，手机媒体市场中行业应用拓展不足的问题就在于行业应用的价值链过于“单薄”，运营商单一的“通吃”模式不能满足企业用户的纷繁需求。

最后，多方合作的环型结构出现了(如图 7-5 所示)。这种结构产业链的核心思想是:用户是产业链的最终目标，产业链的核心不是单一的个体成员，而是一个垂直的市场联盟，各成员通过紧密的战略合作，进行信息互通，面对最终用户。各方均有挖掘用户需求变化、推广现有应用的责任。

3. 融合的产业链

随着新媒体市场的发展，内容提供商和应用服务提供商的数量迅速增加，其中一类是随着互联网、移动网的普及而出现的企业，如新浪、搜狐等，另一类则源于传统传媒产业链中的内容制作者。新媒体的发展使传统传媒产业链和电信产业链之间加速融合(如图 7-6 所示)。

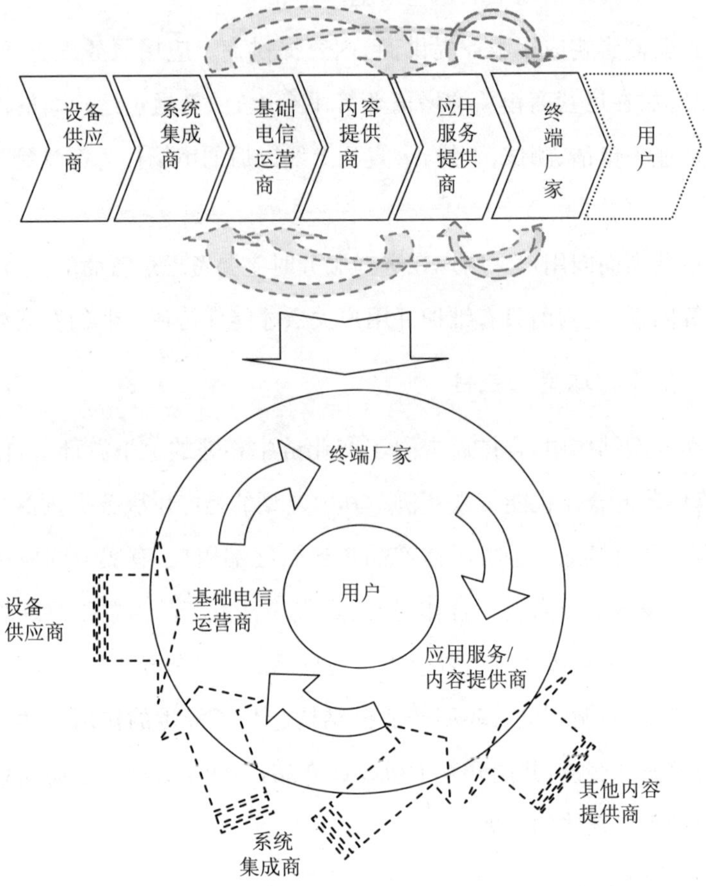

图 7-5　多方合作的环型结构

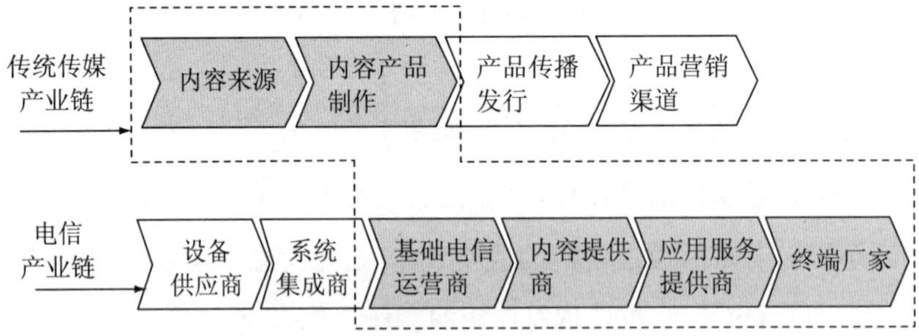

图 7-6　新媒体产业链融合示意图

产业链融合的背后，不仅仅是内容融合、网络融合、终端融合，更重要的是人际融合、文化融合等，即系统融合。由于传统传媒产业链的模式和电信产业链的文化内涵差别较大：传统传媒产业由于内容制作的需要，感性思维较强；而电信产业由于技术要求较高，理性思维较强。因此，这两大产业链之间的真正融合还需要一段时间。

产业的融合对传统媒体提出了挑战，但也带来了机遇，增加了传统媒体企业的收入渠道，扩展了产业空间，从前单纯依赖广告的传统媒体产业必将在技术、产业和资本的互动中实现多元化发展。一份对英国天空广播公司的分析报告就指出，手机电视服务不但为公司挖掘出新的利润点，还扩大了公司节目内容的覆盖面。该公司的数字电视平台针对不同的受众群，提供不同的服务包以及按次计费等收费方式。欧洲学者认为，移动通信网、互联网等数字网络导致了传统传媒和通信产业的融合，出现了传媒手段过剩、内容稀缺的局面。因此，他们认为信息社会已经进入了第二个阶段，即内容产业时代。手机电视服务如果有强大的媒体节目内容作后盾，就能基本解决数字技术革命下内容稀缺的问题。

按照电视内容产业盈利模式的“三次销售”理论，即除了直接出售电视内容商品和间接的广告收入这两次销售外，第三次销售是将同一媒体内容在不同载体间进行转移，通过媒体内容的多次开发，拓宽盈利范围和渠道，实现内容的三次销售。而这些不同载体的出现，如同吉莉安·道尔在《理解传媒经济学》中提到的，都得益于数字新媒体技术的迅猛发展。

吉莉安·道尔认为，传统媒体公司可以选择横向、纵向和斜向扩张这三种发展战略。其中，横向扩张指一个公司通过内部成长或接管经营类似产品的公司而获得在市场上的扩张。比如，上海文广集团将频道制改为中心制、实行“矩阵化管理模式”（指“一横一纵”两条线，横向是职能管控平台，纵向是独立或授权经营的事业部）就是横向扩张理论的实践。这可以整合资源、降低成本、提高效率，获得规模经济。在传媒产业中，规模经济的盛行使横向扩张成为一个极具吸引力的战略。纵向扩张指在供应链中向前或者向后一个环节发展，从而降低交易成本。它体现在传统媒体把工作重心放在内容生产上，从播出平台转化为面向市场的内容提供者，加强核心竞争力，用强势的传媒品牌作为竞争壁垒，积极投资节目生产，获得节目版权，通过出售版权增加收益。纵向扩张使传媒集团具有一定控制运行环境的能力，有助于其避免在上游或下游环节丧失市场销路。斜向扩张往往发生在公司向新的服务领域多元化发展的时候。

根据以上分析可知，吉莉安·道尔提出的横向、纵向和斜向扩张这三种发展战略实际上可归结为多角化战略：横向战略就是延长限制型多角化战略，纵向战略是垂直型多角化战略，而斜向战略就是不相关多角化或同心多角化战略。无论传统媒体企业选择哪种战略,在媒体融合的大环境下,创新是媒体企业可持续发展的主旋律。

第二节　新媒体产业及其经济特征

一、新媒体产业及其形态

新媒体产业是指以数字技术、计算机网络技术和移动通信技术等为依托,以网络媒体、手机媒体、移动电视等为主要载体,按照工业化标准进行生产、再生产的产业类型,是文化创意产业的重要组成部分。

新媒体产业包括门户网站产业、搜索引擎产业、网络社区产业、博客产业、播客(网络视频)产业、网络游戏产业、即时通信产业、网络出版产业(包括网络报纸和网络杂志)、网络广播产业等细分产业。

二、新媒体产业经济特征

新媒体产业作为新媒体时代下文化创意产业的重要组成部分,除具备所有产业共有的经济学特征外,还具有自身的特征,如规模经济性、范围经济性、网络性、外部性、长尾经济等。

(一)规模经济性

规模经济性是指在技术水平不变的条件下,扩大生产规模引起单位产品成本下降和收益增加的现象。一般而言,扩大生产规模可以提高机器设备利用率,使分工更合理,管理更有效率,从而降低成本,增加收益。但规模超过一定限度,反而会引起成本上升和收益减少,出现"规模不经济"。

对于新媒体企业而言,一旦完成最初的投资,每增加一个用户所需要的成本较低,甚至接近零。

(二)范围经济性

范围经济性一般存在于当成本一定时,单个企业的联合产出超过两个各自生产一种产品的企业所能达到的产量;也可以理解为当产量一定时,联合生产产品的单个厂家的成本低于两个各自生产一种产品企业的成本支出。

范围经济凭借其独有的优势,广泛存在于社会上的众多企业中,当然也包括新媒体企业。新媒体产品作为服务商品,生产和消费同时进行,企业在向用户提供新媒体产品的同时,也是生产多种产品的过程。由于很多新媒体的产品内容是无形的,可以无限复制,所以新媒体企业往往会经营多种产品,比如归属于同一个应用服务提供商的同一首音乐往往同时提供电脑下载与手机下载。范围经济性在新媒体产业表现得尤为重要,它不仅有利于新媒体企业降低成本,同时也能使用户在享受新媒体产品时更加便利。

(三)网络性

新媒体产品是依托于现代化网络进行传播的,由于移动通信网、互联网、数字电视网等现代化网络具有全程全网、联合作业以及不同网络间的互联互通等特点,使得新媒体产品具有明显的网络性特征。新媒体的网络性使得新媒体产业符合网络经济的三大定律:

(1)摩尔定律(Moors's Law):摩尔定律是以英特尔公司创始人之一的戈登.摩尔命名的。1965年,摩尔预测单片硅芯片的运算处理能力每18个月会翻一番,价格则减半。实践证明,30多年来,这一预测一直比较准确,预计在未来仍有较长时间的适用期。

(2)梅特卡夫定律(Metcalfe's Law)。梅特卡夫定律认为,网络经济的价值等于网络节点数的平方。这说明,网络带来的效益将随着网络用户的增加呈指数形式增长。梅特卡夫定律指出,一个网络的用户数量越多,那么整个网络和该网络内的每台计算机的价值也就越大。

(3)达维多定律(Davidow's Law)。达维多定律认为进入市场的第一代产品能够自动获得50%的市场份额。达维多定律即网络经济中的马太效应,也就是说在信息活动中,由于人们心理反应和行为惯性,在一定的条件下,优势和劣势一旦出现,就会不断加剧,出现滚动的累积效应。某个时间内往往会出现强者越强、弱者越弱的局面,而且由于名牌效应,还可能发生强者通赢、胜者通吃的现象。而今,这个现象在新媒体领域已经比较明显了,比如谷歌、百度等垄断了网络搜索领域,新浪、网易等垄断了门户网站。

(四)外部性

外部性包括外部经济性(产生正效应的外部性)和外部不经济性(产生负效应的外部性)。当一方的行为使另一方受益时,就发生了外部经济性;反之,当一方的行为使另一方付出代价时,就发生了外部不经济性。

新媒体产品具有较强的外部性。如果新媒体产品中出现了大量淫秽信息,就会危害大众尤其是青少年的心理健康。因此,新媒体产业需要政府和企业严格的监管。

(五)长尾经济

长尾经济理论是网络时代兴起的一种新理论。长尾经济理论认为,由于成本和效率的因素,当商品生产成本急剧下降以至于个人都可以进行生产,并且商品的销售成本急剧降低时,几乎任何以前看似需求极低的产品,只要进入市场,都会有人对其消费。这些需求和销量不高的产品所占据的共同市场份额,可以和主流产品的市场份额相比,甚至更大。从此,企业关注的不仅仅是那个代表畅销商品的头部,还有那条代表冷门商品的经常被人忽略的长尾。

新媒体产业在表现出长尾经济特征的同时,还具备了实践长尾经济理论的现实基础。第一,新媒体产业具有一次性生产投入大,再次生产成本极低,甚至可以忽略的特点。第二,新媒体产业利用无处不在的网络渠道,可以把小众化人群集合在一起,让提供小众化产品的企业找到他们,进行针对性营销。新媒体产业的长尾经济特征还表现在社会舆论的导向上。在传统媒体一统天下的时代,社会舆论反映的只是精英群体的主流意见,而在新媒体时代,弱势的小众化、非主流民意也有了发声渠道(如微博、微信等)。这在一定程度上解决了社会舆论片面化、一面倒的问题,使社会舆论向着多元化、民主化的方向发展。当然,这同时也存在着对非主流舆论进行恶意炒作,混淆大众视听,左右公众价值判断的恶劣现象,这就要靠政府职能部门对舆论进行调节,以保证社会舆论的健康发展。

第三节 新媒体业务形式

互联网新媒体业务有多种分类方式，本节从媒体内容提供的角度出发，将其分为五大类：传统媒体的网络化业务、纯粹基于互联网的大众新媒体业务、基于用户自生产内容（UGC）的社会性媒体业务、互联网搜索引擎业务、聚合媒体业务。

第一类是传统媒体的网络化业务，它是最基础的互联网新媒体业务形式。

传统媒体，如广播、电视媒体都面临着互联网广播、互联网电视服务的挑战。尤其是报刊业，在互联网时代所面临的现实困境是无法回避的。现阶段，越来越多的受众倾向于通过互联网获取资讯信息，因此传统媒体数字化转型是大势所趋。如《财富》杂志网络版、《华尔街日报》网络版、《南方周末》网络版等网络媒体均是依托传统报刊类媒体发展而来的；央视网（www. cctv. com）、CNN（www. cnn. com）、央广网（www. cnr. cn）则是依托传统电视、广播媒体发展而来的，这些由传统媒体衍生出的互联网新媒体，已经是并且未来仍将是重要的互联网媒体类型。

该类业务的核心优势在于有雄厚的传统媒体内容为依托，并且能够更大程度地覆盖传统媒体和互联网媒体不同的用户群。

第二类是纯粹基于互联网的大众新媒体业务，它是传统媒体运营模式在互联网上的对应形式。

随着互联网的发展，媒体人认识到可以采用传统媒体的运营模式，以互联网为载体发展独立的新媒体。简单而言，传统媒体“媒体记者＋编辑”的生产模式在互联网新媒体上依然有效，并且结合互联网内容发布的低成本和覆盖广的特点，可以做到比传统媒体更深远的产业影响。例如，新浪网作为全球最大的中文新闻网站，依靠大量的网络媒体记者、编辑团队，成为中文网络新闻媒体的“巨无霸”，2019 年整站日均 IP 达 2900 万，整站日均 PV 达 1 亿；美国著名的通信技术专业网站 Lightreading. com，致力于通信技术领域内互联网媒体的发展，目前月均独立用户超过 40 万，是全球最大的在线通信类专业媒体；ZCOM 等电子杂志提供商更是充分利用多媒体技术和 P2P 技术，在互联网上将杂志模式发扬光大。

该类业务的核心竞争力在于其与传统媒体相比，拥有更低的内容发布成本、更丰富的内容和更好的用户体验。

第三类是基于用户自生产内容的社会性媒体业务，它是颠覆了传统媒体内容提供模式的创新互联网媒体业务形式。

过去，传统媒体采用的是精英化的“记者＋编辑”内容提供模式，读者则是被动地接收媒体信息。而互联网新媒体的发展给予了用户发布内容的自主权，比较典型的案例有：YouTube 视频分享网站。2018 年 5 月，YouTube 注册访问用户数量已达 18 亿，而且这还不包括游客（未注册，可浏览视频）数量。平台上用户每分钟上传视频量达 400 个小时。另外，抖音一类的短视频分享网站近两年发展很快，人们乐于在上面分享美食、亲子、美妆、城市形象等内容。上述数据说明用户自生产内容的社会性媒体业务充分满足了用户信息发布与交流的需求，以崭新的“草根”内容提供模式冲击了传统“精英”模式。

该类业务的核心竞争力在于内容提供成本低，用户自发形成的海量的、个性化的内容更容易满足相关群体的需求。

第四类互联网搜索引擎业务是以搜索技术为核心，以互联网内容为基础的互联网新媒体业务形式。

这类业务模式的特点是以搜索技术作为驱动力，整合互联网上的内容资源，以更便捷、更精确的方式将互联网上的信息内容提供给用户。Google 毫无疑问是这类新媒体的霸主。2017 年，Google 的网页数量就达到 50 万亿，年搜索量 2 万亿次以上。大部分美国人甚至认为，在 Google 上搜索不出来的东西是不存在的。凭借独特的商业模式和技术优势，搜索引擎媒体在互联网媒体领域占据了领导地位。

第五类聚合媒体业务是互联网聚合技术应用于媒体领域的互联网新媒体业务形式。

聚合媒体业务强调的是对站外媒体资源的利用，通过接口标准读取站外媒体资源信息，并通过一定的算法或内容组合以崭新的方式呈现给用户。最基础的就是采用 RSS 和 Atom 之类的技术聚合相关内容，例如：iGoogle（2013 年 11 月 1 日停止运营）、Yahoo 等个性化主页和网易云阅读、周博通等 RSS 内容聚合服务，为用户提供了个性化的资讯内容整合功能，在一定程度上使用户可以 DIY 自己的资讯平台。

该类业务的核心竞争力在于其能够更适合于精细化运营，能够低成本、更好地满足细分用户群的需求。

表 7-1 五大新媒体业务典型特征比较

特征＼名称	传统媒体网络化业务	基于互联网的大众媒体业务	基于用户自生产内容的社会性媒体业务	互联网搜索引擎媒体业务	聚合媒体业务
运营成本优势	*	**	***	*****	*****
内容量优势	*	**	***	*****	***
内容差异化优势	***	***	****	**	**
用户覆盖度	**	***	***	*****	***
用户参与度	*	*	*****	***	***
市场吸引力	**	***	****	*****	****

注：* 号越多表示程度越强。

第四节 新媒体经营及盈利模式

一、新媒体经营

新媒体经营是指新媒体企业依托现有资源，基于企业战略选择，通过品牌经营、资本经营、内容经营、广告经营等手段，组织资源进行新媒体产品的生产，提供基于新媒体的服务以获得利润，提升企业盈利水平的活动。

品牌是用户与企业之间的黏合剂。对于用户来说，一个成功的品牌意味着它是值得信赖的，据有特殊价值的；对于企业来说，品牌可以增加用户的忠诚度，使自己获取更大利益。在新媒体企业中，个人或产品品牌效应会更加明显。

资本经营是指通过对资源的优化配置，对资本进行运筹或运营，以达到资本增值的目的。属于文化创意产业的新媒体企业一诞生就被给予了很高的估值，企业可通过融资、上市等手段来提升发展速度、扩大企业规模，更早地“跑马圈地”能够给企业带来赢者通吃的巨大利益。

内容经营和广告经营二者关系密不可分，只有建立在优质内容上的新媒体才能获得更高、更优质的流量，有了流量才能带来更多的广告收入。

二、新媒体的盈利模式

新媒体的盈利模式包括：内容获利、广告变现、电子商务、增值服务以及其他盈利手段。

内容获利。艾媒咨询数据显示,2019 年知识付费用户规模达 3.2 亿人,预计 2020 年知识付费用户规模将达 4.2 亿人,可见越来越多的新媒体用户产生了知识付费的意识。内容获利主要有以下几种形式:(1)有偿下载,指用户付出一定的货币方可获得所需要内容的下载方式。有偿下载服务一般由数据库或者视频服务网站提供,如我国最大的学术资料网站——中国知网以及艾媒咨询等一些专业机构提供的调研报告等。(2)会员付费业务。以网络文学、网络游戏、网络音乐、网络视频为代表的网络文化产业均采用这种方式,企业免费提供部分产品,但如果用户想获得更多更优质的产品,就必须付费。(3)版权分销等内容售卖方式。内容制作机构制作网络文化内容,再出售给平台或电视台来赚取利润。(4)知识变现。随着人们版权保护意识的提升、对知识的渴望越来越强烈以及移动支付越来越便捷化,知识变现在 2017 年爆发。知乎、得到、分答、微博、微信、果壳、36 氪、虎嗅、钛媒体、小密圈……各路人马纷纷杀入知识付费战场,用专栏订阅、付费课程、内容赞赏、有偿问答、社群等形式实现内容变现。

广告变现。自互联网产生,广告收入始终占据着互联网产业收入的半壁江山。媒体的广告收入始终遵循二次销售原则,即媒体通过提供内容产品凝聚相当数量的受众资源,以此吸引广告主向媒体投放广告。在新媒体运营中,内容生产为二次销售奠定基础,而经由二次销售获得收益又可以促进内容产品的改善和升级。以数据技术为支撑的新媒体广告可以提升营销效果,而新媒体又带来了更多的广告收入。以微信公众号为例,知名行业头部大号在文章中植入广告或直接发布广告都能获得不少的收益,一个公众号一年的收入甚至能超过县级媒体。作为一个资讯类 App,今日头条激励用户生产内容,再靠这些内容吸引更多的用户,依靠广告的曝光与点击获利。微信自媒体实现变现的另一个比较简单的方式是开通"流量主",很多草根大号通过集团化运作,以福利活动、文章转载的形式打造一两个几十万粉丝量级的微信大号,再将粉丝导流到其他账号,快速复制和打造微信矩阵。这些草根号的运营目标很明确,它们不太关注粉丝质量以及账号质量,只是想尽一切办法将粉丝量做上去,然后开通"流量主",坐收"流量主"的广告收入。

电子商务。电子商务也是新媒体变现的一种手段。如微信公众号"差评"开设了"黑市"栏目,出售电子产品;游戏主播在播出游戏视频时专门抽出一段时间来为自己的淘宝店铺打广告，等等。新媒体也是电商宣传自己的一种渠道，依靠做好媒体内容维护粉丝群，再通过粉丝经济来变现。

增值服务。严格来讲，平台类新媒体提供的服务或收取的手续费都应算作增值服务范围，包括网络文化产品中的会员业务、网络应用内置增值服务收入、游戏中的道具皮肤等。

其他盈利手段。新媒体的形态不断演变，新的业态模式必将带来新的盈利模式。例如，直播这一新媒体形态的主要收入是依靠用户打赏，“逻辑思维”采用会员制收费，等等。此外，还有一些新媒体通过开展线下活动或与传统媒体相互融合获得盈利。

思考题

1. 新媒体产业链的主要环节有哪些？
2. 简述新媒体的产业特征。
3. 新媒体业务的主要形式有哪几种？
4. 简述新媒体的盈利模式。

延伸阅读

1. 亨里克斯，谢尔顿．掌控：新媒体运营密码[M]．李易，等译．北京：电子工业出版社，2018.
2. 陈威如，余卓轩．平台战略[M]．北京：中信出版社，2013.
3. 彭茵．新时代媒体变革与创新[J]．中国广播电视学刊，2019.
4. 陈前进．探究新媒体内容运营的风险[J]．出版广角，2017.

第八章　新媒体管理

学习目标

- 了解新媒体管理的历史与现状
- 掌握新媒体管理的对策与意见
- 熟悉新媒体管理机构与相关法律法规

第一节　中国新媒体管理机构与法律法规

新媒体技术的发展,使舆论信息随时随地互动传播,其参与主体多样复杂,内容数量庞大,传播速度快、范围广,虚拟世界"话语权"和"影响力"不断增强。因此,新媒体管理无法再完全遵照电视、广播的监管方法,而需要结合新媒体自身的特性,划分管理机构,制定相应的法律法规。

中国互联网法律体系已经初步建立起来,由法律、行政法规和部门规章组成的三层级规范体系正保护着互联网空间。依法治网成为依法治国的重要环节。

一、国家互联网信息办公室为中国网络管理的主要机构

国家互联网信息办公室(简称国家网信办)成立于 2011 年 5 月,主要职能是落实互联网信息传播方针政策,推动互联网信息传播法制建设,指导、协调、督促有关部门加强互联网信息内容管理,依法查处违法违规网站等。

2014 年 2 月,中央网络安全和信息化领导小组成立,领导小组办事机构即中

央网络安全和信息化领导小组办公室，由国家网信办承担具体职责。中央网信办与国家网信办合署办公，实行一套班子、两块牌子，属于正省部级机构。2018 年 3 月，根据《深化党和国家机构改革方案》，中央网络安全和信息化领导小组改为中央网络安全和信息化委员会，办事机构改为中央网络安全和信息化委员会办公室（简称中央网信办）。中央网络安全和信息化委员会的成立是以规格高、力度大、立意远来统筹指导中国迈向网络强国的发展战略，在中央层面设立一个更强有力、更有权威性的机构，显示出国家保障网络安全、维护国家利益、推动信息化发展的决心。

国家网信办负责网络新闻业务及其他相关业务的审批和日常监管，指导有关部门做好网络游戏、网络视听、网络出版等网络文化领域业务布局规划，协调有关部门做好网络文化阵地建设的规划和实施工作，负责重点新闻网站的规划建设，组织、协调网上宣传工作，依法查处违法违规网站，指导有关部门督促电信运营企业、接入服务企业、域名注册管理和服务机构等做好域名注册、互联网地址（IP 地址）分配、网站登记备案、接入等互联网基础管理工作，在职责范围内指导各地互联网有关部门开展工作。国家网信办与地方网信办共同组成了我国互联网信息管理的主要机构。

国家网信办还发布了包括《移动互联网应用程序信息服务管理规定》在内的一系列网络内容管理规定，对互联网内容产业的发展做了一定的规制，对净化网络空间起到了重要作用。

二、中国新媒体管理的相关法律法规

（一）针对互联网安全与管理的法律法规

针对互联网安全与管理，第十二届全国人民代表大会常务委员会第二十四次会议于 2016 年 11 月 7 日通过了《中华人民共和国网络安全法》，立法保障网络安全，维护网络空间主权和国家安全，社会公共利益，保护公民、法人和其他组织的合法权益，促进经济社会信息化健康发展。法律中规定了网络运行安全、关键信息基础设施的运行安全、网络信息安全、监测预警与应急处置等相关内容以及法律责任。

如第二十二条规定，网络产品、服务应当符合相关国家标准的强制性要求；网络产品、服务的提供者不得设置恶意程序;发现其网络产品、服务存在安全缺陷、漏洞等风险时,应当立即采取补救措施,按照规定及时告知用户并向有关主管部门报告;网络产品、服务的提供者应当为其产品、服务持续提供安全维护;在规定或者当事人约定的期限内,不得终止提供安全维护;网络产品、服务具有收集用户信息功能的,其提供者应当向用户明示并取得同意;涉及用户个人信息的,还应当遵守本法和有关法律、行政法规关于个人信息保护的规定。

第二十七条规定,任何个人和组织不得从事非法侵入他人网络、干扰他人网络正常功能、窃取网络数据等危害网络安全的活动;不得提供专门用于从事侵入网络、干扰网络正常功能及防护措施、窃取网络数据等危害网络安全活动的程序、工具;明知他人从事危害网络安全的活动的,不得为其提供技术支持、广告推广、支付结算等帮助。

(二)针对互联网内容的法律法规

我国针对互联网内容管理出台了一系列行政法规、部门规章、规范性文件以及政策文件。行政法规包括:《信息网络传播保护条例》《中国互联网网络版权自律公约》《关于网络游戏发展和管理的若干意见》《互联网著作权行政保护办法》《互联网IP 地址备案管理办法》《非经营性互联网信息服务备案管理办法》《最高人民法院、最高人民检察院关于办理利用互联网、移动通信终端、声讯台制作、复制、出版、贩卖、传播淫秽电子信息刑事案件具体应用法律若干问题的解释》《互联网药品信息服务管理办法》《互联网文化管理暂行规定》《互联网上网服务营业场所管理条例》《互联网电子公告服务管理规定》《计算机软件保护条例》《计算机信息系统安全保护条例》等。

其中,《信息网络传播保护条例》指出,未经权利人许可,任何组织或者个人不得进行下列行为:(1)故意删除或者改变通过信息网络向公众提供的作品、表演、录音录像制品的权利管理电子信息,但由于技术上的原因无法避免删除或者改变的除外;(2)通过信息网络向公众提供明知或者应知未经权利人许可被删除或者改变权利管理电子信息的作品、表演、录音录像制品。

部门规章包括:《互联网域名管理办法》《互联网新闻信息服务管理规定》《互联网信息内容管理行政执法程序规定》《互联网视听节目服务管理规定》《互联网文化

管理暂行规定》《互联网等信息网络传播视听节目管理办法》。

规范性文件包括:《互联网新闻信息服务单位内容管理从业人员管理办法》《互联网新闻信息服务新技术新应用安全评估管理规定》《互联网用户公众账号信息服务管理规定》《互联网群组信息服务管理规定》《互联网跟帖评论服务管理规定》《互联网论坛社区服务管理规定》《互联网直播服务管理规定》。

政策文件包括:《关于加强国家网络安全标准化工作的若干意见》《关于变更互联网新闻信息服务单位审批备案和外国机构在中国境内提供金融信息服务业务审批实施机关的通知》《关于加强党政机关网站安全管理工作的通知》。

国家网信办发布的部门规章和规范性文件中涉及网络生活的各个层面,包括电子商务、公众账号、互联网跟帖评论、论坛社区、直播等,为行业发展提出了指导性意见,为净化网络空间,促进网络文化产业良好发展起到了重要作用。

第二节　国外新媒体管理经验与中国新媒体管理发展

一、国外新媒体管理经验

一是建立统一、高层级的领导体制。如美国、英国、澳大利亚纷纷合并管理机构,对新媒体业务进行统一管理。

二是强化网络新闻内容方面的法律。美国、英国、法国等将现行法律延伸到互联网领域。如英国的《猥亵物出版法》《公共秩序法》《青少年保护法》《数据保护法》,法国的《民法》《商法》都根据互联网的特点进行了修订,德国则在1997年出台了专门针对互联网内容管理的《信息和通信服务规范法》。

三是对网络传播不良信息和有害信息开展强制性审查和监控。如德国联邦法院于2013年下令谷歌必须从自动搜索中删除“含诽谤性”的搜索结果;英国对网络信息内容进行详细分类,实行严格的分级和信息过滤制度。

四是重视行业自律。如英国1996年成立“网络观察基金会”,承担大部分网络管理工作;加拿大的民间机构制定了若干自律性的道德规范,对网络进行自我管理;德国五大网络运营商与政府签订自律条款,依据联邦法警提供的信息,删除或屏蔽相关内容。

不同国家因社会政治制度、经济发展水平、历史文化传统等差异,对新媒体采取的管理政策有所不同,但以法律为主要手段对新媒体进行管理已是各国通行的做法。

二、中国新媒体管理发展

据 CNNIC 发布的《中国互联网发展大事记》,中国的互联网发展缘于 1986 年 8 月从北京向日内瓦发出的一封电子邮件。自此,中国新媒体事业开始追随世界互联网事业的发展而蹒跚起步,之后便展现出迅猛的发展势头,实现了超越式发展。伴随着中国新媒体发展的不同阶段,中国新媒体管理也开始了摸索与超越,我们将其划分为四个阶段。

(一)政府管理主导时期(1986—2000 年)

在新媒体发展初期,新媒体的技术创新性特征决定了新媒体的发展是先于媒体管理实践的。那么,如何管理作为新兴事物的新媒体就成了摆在行政部门面前的一道难题。

据资料显示,在这一时期,中国的新媒体管理实践以政府管理为主导。国家各职能部门通过制定各类管理"办法"或"规定",来规范刚刚兴起的互联网新媒体行业的发展。

1996 年,国家相继发布《计算机信息网络国际联网管理暂行规定》和《中国公用计算机互联网国际联网管理办法》,确立了"统筹规划、统一标准、分级管理、促进发展"的互联网管理原则,并设立"国务院信息化工作领导小组"负责协调、解决有关国际联网工作中的重大问题。2000 年出台的《中华人民共和国电信条例》,对电信市场、电信服务、电信建设、电信安全等进行了全面规定。同年施行的《互联网信息服务管理办法》,规定互联网信息服务提供者不得制作、复制、传播、发布的九类信息:反对宪法基本原则;危害国家安全;损害国家荣誉和利益;破坏民族团结;破坏国家宗教政策;散布谣言,扰乱社会秩序,破坏社会稳定;散布淫秽、色情、赌博、暴力、凶杀、恐怖或者教唆犯罪;侮辱或者诽谤他人,侵害他人合法权益;法律、行政法规禁止的其他内容。

这一时期,政府还组织成立了行使国家对互联网管理部分职责的组织机构。1997 年 6 月,中国科学院计算机网络信息中心组建了中国互联网络信息中心;

2000 年 6 月 21 日，中国电子商务协会正式成立，旨在加强中国与世界各国在电子商务领域的合作与交流。

这一时期，新媒体行业的自律实践也开始起步。1999 年 4 月，国内有影响力的 20 多家网络媒体通过《中国新闻界网络媒体公约》；2000 年 12 月，文化部、团中央等共同发起主题为“文明上网、文明建网、文明网络”的“网络文明工程”。

（二）行业自律期（2001—2003 年）

中国互联网协会于 2001 年 5 月 25 日正式成立。中国互联网协会是由中国互联网行业及与互联网相关的企事业单位自愿结成的行业性、全国性、非营利性社会组织，下设行业自律工作委员会、反垃圾邮件工作委员会、反恶意软件认定委员会、新闻信息服务工作委员会、网络版权工作委员会、网络与信息安全工作委员会等。其中，行业自律工作委员会的主要工作职责是制定和完善互联网行业相关自律规范，定期组织开展互联网服务自查互查活动，开展互联网行业自律经验交流等。

中国互联网协会是政府引导下的行业自律组织，在此期间，中国互联网协会发布了一系列自律公约和规范，开展了一系列的活动与举措，在净化网络空间、维护行业良好发展中起到了重要作用。自此，中国的新媒体管理进入了由行业协会引领的自律发展阶段。

中国互联网协会先后发布《中国互联网行业自律公约》《互联网站禁止传播淫秽色情等不良信息自律规范》《抵制恶意软件自律公约》《中国互联网行业版权自律宣言》等一系列行业自律规范，促进了互联网行业的健康发展。其中，《中国互联网行业自律公约》确定了“爱国、守法、公平、诚信”的自律原则，明确了“清除有害信息”“文明使用网络”等互联网信息服务的自律义务，为构建中国互联网行业自律机制提供了重要保障。

中国互联网协会自成立后，以多种形式开展了一系列互联网新媒体的自律活动和举措，如开办网站、发布规范、成立机构、举办活动等。2001 年 4 月，信息产业部、公安部等联合部署开展网吧专项清理整顿工作；2002 年 11 月，中国互联网协会联合新浪网和 263 网络机构共同发起成立“反垃圾邮件协调小组”，规范中国电子邮件服务秩序；2003 年 8 月，“反垃圾邮件协调小组”向社会公布了“垃圾邮件服务器名单”;2004 年 6 月，中国互联网协会下属的互联网新闻信息服务工作委员会开通“违法和不良信息举报中心”网站，标志着中国互联网行业自律在公众监督方面迈出实质性的一步。

(三)媒体自觉期(2004—2008 年)

2004 年，中国互联网协会提出“构建繁荣、诚信的互联网”“坚决抵制网上有害信息”，并于同年 9 月，协同新浪、搜狐、网易三家门户网站正式成立中国无线互联网行业“诚信自律同盟”，自觉遵守国家相应的法律法规和行业规范，共同维护中国无线互联网行业健康、有序地发展。11 月，三家互联网企业公布中国无线互联网行业“诚信自律同盟”自律细则。12 月 30 日，“诚信自律同盟”升级为“中国互联网协会无线信息服务专业委员会”，首批 30 多家服务提供商从业机构签约加盟。

自此，越来越多的新媒体行业机构开始主动发起自律活动。如 2005 年 1 月，金山公司等 28 家机构成立版权保护联盟，推动网络版权保护;2007 年 5 月，新浪等 11 家网站联合创办“网上大讲堂”，传播健康向上的网络文化;2007 年 8 月，人民网等十多家博客服务提供商签署国内首份《博客服务自律公约》，制定实名用户信息安全管理制度，保护博客用户资料。

新媒体管理实践从自觉向理性发展。2007 年年底，人民网与中国互联网协会举办“社会责任”中国博客评选活动。评选标准为:第一,博客基本属性情况，即更新频率、原创比例、互动性等;第二,博客内容所反映的“社会责任感”特质情况，即是否积极健康向上、文明科学等。同年，阿里巴巴集团开启了中国互联网行业定期发布企业社会责任报告的惯例。2008 年 11 月，腾讯在首期《企业公民暨社会责任报告》中，记录了腾讯在自主知识产权创新、推动互联网健康发展、创造社会价值、员工和用户关怀、社会公益事业等五个领域面向社会、行业和用户所履行的社会责任。

(四)共同参与、共同治理期(2009 年—至今)

2009 年起，以微博、微信等引领的新媒体百花齐放，掀开了中国互联网发展的新篇章。各类新媒体创新形态先后登场，使得新媒体的传播环境更加复杂。新媒体管理实践在前期经验的积累下，走向政府机关、行业协会、行业机构、第三方团体和个人用户等多元主体共同参与、共同治理的新模式。

政府管理部门，是新媒体管理实践的指导者。政府管理部门通过设立监管机构、出台法律规范、开展专项行动等指导与推动新媒体行业健康发展:2009年起，《中华人民共和国侵权责任法》《网络游戏管理暂行办法》《关于加强网络信息保护的决定》等法规相继出台。2009年11月，全国“扫黄打非”办公室下发《关于严厉打击手机网站制作、传播淫秽色情信息活动的紧急通知》，并联合中央对外宣传办公室等九部委，开展深入整治互联网和手机媒体淫秽色情及低俗信息专项行动。特别是2011年5月国家互联网信息办公室成立，2018年3月中央网络安全和信息化领导小组改为中央网络安全和信息化委员会，进一步加强了党中央对网络安全和信息化工作的统一领导，不断将新媒体治理推向新高度。

行业协会，是行业机构自发组织的监督管理机构。新媒体行业协会通过成立各类行业自律组织、制定行业自律规范、督促成员单位执行规范内容等来实现新媒体行业的自律管理。2011年12月，北京新媒体协会在京成立，之后诸多相关组织陆续成立。这些组织通过出台系列自律规范，不断提升互联网自律的质量和水平。比如中国互联网协会在治理垃圾邮件等新媒体自律方面发挥了显著作用，中国垃圾邮件占全球垃圾邮件的比例从2006年的21.9%下降到2014年的5.1%。

行业机构，主要是指行业运营者。它们通过自主组建企业联盟实现行业自律，如“移动互联网知识产权保护联盟”“互联网反欺诈委员会”“新媒体版权联盟”等。同时，通过出台相关的自律规范实行自律管理，如“新浪微博社区公约”“搜狐微博版权保护公约”“网易微博妈妈团”“360安全桌面儿童模式”等。为配合中宣部和中国记协等建立媒体社会责任报告制度的要求，一些新媒体企业和机构每年定期公布履行社会责任情况报告。2014年6月，首批11家试点新媒体管理报告正式对外发布。

个人用户，是有效配合行业自律的重要力量。有关部门通过开通多样化的监督和举报途径，鼓励个人用户在浏览新媒体信息时，基于基本的常识以及自己的判断，尽可能多地发挥监督和举报功能，对于处理新媒体违法和有害信息有着积极作用。中国互联网违法和不良信息举报中心公布了举报网站（www.12377.cn）、举报邮箱（jubao@12377.cn）、举报电话12377、举报官方微博（http://weibo.com/12377jbzx）、举报官方微信，受理并协调相关部门处置社会公众对各类互联网违法和不良信息的举报。网络不良与垃圾信息举报受理中心是中国互联网协会设立的举报受理机构，通过举报网站（www.12321.cn)受理垃圾短信、诈骗电话、骚扰电话、垃圾邮件、不良App和网站、个人信息泄露等各类网络不良与垃圾信息。其他举报方式还有中纪委:12388,公安部:12389,文化部:12318,最高检:12309,扫黄办:12390等。最新统计显示,截至2020年10月,全国各级网络举报部门受理有效举报1551.1万件,其中,中央网信办受理19万件,各地网信办受理110.7万件,全国主要网站受理1421.4万件。

第三节 中国新媒体管理的问题与对策

一、中国新媒体管理中的问题

(一)新媒体管理技术不到位

目前,新媒体技术日益成熟,但这也加大了有关部门对网络空间的监管难度。以新媒体广告为例,传统广告形式已无法满足用户的多样化需求和广告主的利益最大化需求。随着新媒体技术的发展,新的广告形式层出不穷,令人眼花缭乱,弹出式广告窗口不断,更有各类为吸引用户点击率而发布的低俗广告。

由于缺少法律和技术限制,互联网平台的企业宣传正在享受着最大的商业言论自由,获得了更多企业产品或品牌不曾有过的传播机会。以烟草行业为例,由于我国《广告法》第十八条规定:“禁止利用广播、电影、电视、报纸、期刊发布烟草广告,禁止在各类等候室、影剧院、会议厅堂、体育比赛场馆等公共场所设置烟草广告。”但由于没有涉及对新媒体广告的限制,于是烟草企业就明目张胆地通过网络手机短信、植入式广告、微博、微信等发布品牌信息或营销活动。虽然2011年国家广电总局发布了《广电总局办公厅关于严格控制电影、电视剧中吸烟镜头的通知》,明确禁止在电影、电视剧中植入烟草广告,并要求在电影放映前、电视剧播出前审查时,尽量删减吸烟镜头。但新媒体广告形式更新速度快,几乎让相关法律防不胜防,植入式广告被禁之后,“微电影”营销立刻被烟草行业追捧,而且超出政府的监管范围。

(二)现有法律法规不完善,管理体制不顺畅

科技的发展往往会促进法律的完善,在法律未能跟上科技发展之前,既有的法律体系会出现落伍、松动甚至失灵的现象。这一论断在新媒体管理中已得到充分体现。目前,我国在新媒体管理方面已出台数部法律法规,但总体上立法层级不高、法律效力较低,无法覆盖快速发展变化的网络传播行业。已有的规定对新媒体相关各方的权利和义务缺乏明确规定,法规建设存在“跟不上、管不住”的问题。新媒体涉及广播影视、新闻出版、文化艺术等领域,各种“意见领袖”和“网络水军”充斥其中,非法有害信息大量存在,管理任务十分繁重。虽然国家设有互联网信息管理办公室,但实际工作中存在条块分割、多头管理、效率不高等问题,特别是管理部门之间边界不够清晰,容易出现职权交叉或管理空白,还有属地管理原则与新媒体无地域界限的矛盾也日渐突出。

以网络信息管理为例,网络媒体不再像广播、电视那样需要通过相关部门的层层审核才能发布信息。网络信息的发布者不仅有专业的媒体机构,还有可以随时参与网络活动的网民。大量的信息,尤其是未经证明真实性的信息十分容易在网络中引发激烈的讨论并在现实社会中引发群体行为。

2011 年 3 月 12 日,日本福岛核电站爆炸,3 月 15 日,核危机的不断升级引发全球恐慌,各大媒体都出现了各国的抗辐射报道。由于信息的不对称性,一些谣言通过网络传播开来,将人们对核辐射的恐慌心理推到顶点。随后,“吃加碘盐可防核辐射”“日本核辐射会污染海水,导致以后生产的碘盐都不能食用”的消息开始在网络上出现。便利店里的食盐销售量暴增,一度出现食盐供货紧张的局面,造成集体恐慌,严重扰乱了民众的正常生活。可见,网络在提供给人们便利性和自由性的同时,也会因为缺乏相关法律法规的管制而导致谣言肆虐。

(三)企业缺乏社会责任感,社会乱象丛生

游戏行业在最近十年间发展迅猛,在创造巨大的经济价值的同时,竞争也十分激烈。游戏企业关注更多的是经济利益,在企业社会责任方面缺少关注。一些游戏企业在设计产品时,忽略内容的健康性、引导性;有的还存在传播不良信息、涉嫌赌博等违法违规现象,欠缺有效制止青少年过度沉迷游戏的规则设计,导致社会的

负面影响力很大;有的主导的价值观不恰当,在游戏设计中仅考虑如何吸引玩家,设计庸俗、裸露的画面;有的为了取得更大的利益,想方设法设置环节或者情境吸引未成年人购买电子货币,对电子货币等虚拟财产的保护不足,损害了玩家的利益;有的在游戏中不合理地使用玩家的隐私数据。以上种种,都极大地破坏了玩家对游戏企业的信任。

近年来,网络直播越来越火,但内容良莠不齐。“萝莉变大妈”“直播剁手指”“吃活蜈蚣”等一系列“操作猛如虎”的网络直播内容令人咋舌。一些“博眼球”的网络直播更是让舆论非议不断。数据显示,从 2018 年至今,先后有 2100 多名主播进了网络主播“黑名单”。网络直播乱象频发,与网络直播行业门槛过低有密切关系,直播平台如果不加强管理,制定相关条例,这些行为会给三观尚未成熟的未成年人带来恶劣的影响,甚至影响正常的社会秩序。伴随着新媒体技术的迅猛发展,世界各地的人们可以通过互联网随时随地联系,海量信息瞬时传递,世界已然成为一个“地球村”。然而,伴随着互联网的便捷化而来的是各种问题:垃圾信息丛生、网络诈骗肆虐、个人隐私泄漏,更有危害国家安全和人民安全的问题。因此针对日益发展的新媒体,有关部门和机构应该进行有效的管理和监督,更需要网民自身在日常网络活动中严格遵守相关法律法规,提高媒介素养。

二、新媒体管理的对策与建议

新媒体的管理离不开新媒体技术的不断完善,离不开政府和有关部门的监督规范,离不开企业自身的社会责任意识,更离不开个人在上网过程中遵守法律法规,拥有网络安全意识和安全常识。西方制定传播政策的主要原则较为复杂,受到多元价值观念的影响,比如美国联邦通信委员会的公共利益、便利和必需原则以及意见的自由市场理论。我国的媒体管理原则主要是党性原则、国家安全至上原则和属地原则。国情和文化的不同,使得媒体管理政策的出发点不一样,效果也千差万别。下面从技术、监督管理部门、企业以及个人四个方面给出具体的对策和建议。

(一)加强技术创新

从互联网的大环境看,全世界共有 13 个根服务器,其中有 10 个在美国,没有一个在中国。可以说，互联网的基础技术资源受制于人，成为我国互联网管理技术建设面临的最大难题。而从互联网管理的创新看，一些新的制度安排亟须相应的技术支撑。具体建议如下：

首先，对互联网管理部门及其职能进行进一步整合。以内容管理为切入点，将国家新闻出版署、文化部等传统宣传文化部门中关于互联网内容管理的相关职能进一步整合到国家互联网信息办公室。

其次，将工信部涉及网络内容过滤、互联网防火墙等与互联网内容管理关系密切的技术建设和监管职能转移到国家互联网信息办公室，进一步增强互联网内容管理所必需的技术基础。探索建立更加整体化的互联网管理绩效考核机制，以任务为导向，贯穿互联网内容日常监管和应急处置等各环节，对涉及互联网管理的不同部门实行更加整体化的绩效考核和外部约束机制。对于中央国家部门而言，可以通过跨部门联席工作会议以及公开工作通报等形式，及时在相关互联网管理部门之间进行工作反馈。必要时，由牵头单位将考核结果直接向中央相关机构汇报，以切实增强相关部门协同合作的激励和约束效果。

再次，加快建设统一、高效的网络舆情监测共享平台。由中央相关机构领导，国家互联网信息办公室牵头，结合云计算、大数据等技术的发展，加快建设全面覆盖手机等新媒体和论坛、博客、微博、微信、移动应用等的互联网信息内容监测指挥系统，与各有关部门现有监测平台对接，实现资源共享，提高监管效能。

最后，加强技术创新。比"技术防守"更彻底和有效的技术手段是对网络架构进行重整。这一方面有利于为我国参与互联网国际治理争取更加主动的地位，另一方面可以将某些规制性要求加入网络协议之中，比如使兼顾隐私保护和可追溯的身份认证成为登录网络的基本要求，从而实现治理的目标。当前，互联网发展正面临着云计算、大数据、三网融合等新一轮技术架构的升级，这为我国进一步改进和提高互联网管理水平提供了新的重要机遇。因此，相关部门应当从发展国家互联网战略的高度出发，利用网络架构重整实施互联网管理规制的技术创新，为互联网管理的改进创新提供更加充分的技术条件。

2017 年，江西完成全省网吧技术监管平台搭建工作。依靠这个平台，监管部门可将江西省网吧全部纳入视线，以上网实名制登记和人脸识别、自动报警、信息屏蔽等联防技术防范未成年人进网吧。此例就是利用先进的互联网技术解决管理中难点问题的典型。

(二)建立健全法律法规,构建科学合理的管理机制

目前,国家网信办是我国最主要的互联网内容管理机构,与国家工信部、国家新闻出版署等机构通力合作,出台新媒体管理政策。企业也在互联网规制中起到越来越重要的作用,例如微信对公众号的清理和封停、百度下架违规 App 应用等。政府作为法律法规的制定者,无法对所有的新媒体出台管理细则,只能确定大致的方向和明确的底线,由互联网企业拟定具体的管理措施并主导实施。同时,公众也可以广泛地参与到互联网治理中来,如在微信公众号主页面的右上方有投诉按钮,如果网友发现该公众号的文章内容虚假或侵权,可对该公众号进行举报。

新媒体因技术创新而生,有很多问题是过去的法律所不能覆盖的,因此有必要对其制定专门的法律法规。相关部门应当根据新媒体的本质特点和发展趋势,制定全覆盖、可延伸、适用面广的新媒体管理专门法规。将通过实践检验又切实可行的指导思想、基本原则、管理范围和重点、管理机构职责、法律解释等上升到法律层面,形成新媒体管理通则。具体的法律、法规、条例、办法,可在宪法以及新媒体管理通则的指导下制定和完善,对新媒体相关各方的权利和义务进行界定。

若制定新媒体专门法规条件不成熟,则需加强重点领域立法和司法解释,修订完善已有法律法规,进一步提高法律层级。同时,加强对现有法律中适用于新媒体管理的进行延伸和司法解释工作。如利用民法、刑法等现有法律中的相关条款,将其延伸到新媒体的管理,进一步明确认定标准和适应范围;再如,进一步细化全国人大常委会《关于加强网络信息保护的决定》《关于维护互联网安全的决定》中涉及新媒体管理的条文,增强新媒体管理法律条文的可操作性;还可针对当前我国新媒体中造谣诽谤问题作出专门的司法解释,增强管理的法理依据和成效。

需要指出的是,通过立法或修订有关法律解决新媒体管理中遇到的问题时,应注意调节相关法律体系的方向,使之朝"通信服务便捷、信息选择多元、网络活动安全、有利公众学习、鼓励创新空间"的方向前进。

法律如不执行就是一纸空文。因此,相关部门应当加强对新媒体管理的执法工作,科学把握执法力度和裁定标准,对传播违法和有害信息、侵犯他人隐私和权

利的行为实行严厉处罚，提高违法成本，提升法律的威慑力。

新媒体管理跨地区、跨领域、跨行业，需建立统一、权威、高效的管理体系。可建立高层级、跨部门的新媒体建设和管理领导小组，通过有效整合各部门管理资源和管理力量，设立一个专门机构，理顺不同部门之间的职责和关系，强化管理部门之间的协同配合。统一进行战略规划，制定完备的法律体系。对于全国性新媒体平台，建立由国家新媒体管理部门主导，新媒体所属地和相关地管理部门协同配合的高层协调机制。充分发挥行业组织的作用，尽快成立新媒体方面的全国性行业协会，引导新媒体坚守社会责任，做到守法自律。充分发挥公众监督作用，建立健全公众举报机制，扩大举报途径，提供优质高效的举报受理服务，落实举报人保护、奖励制度。

（三）增强企业社会责任感

对于新媒体企业而言，首先要做的事情就是明确企业的发展定位。因为新媒体产业涵盖的内容非常多，其子行业种类纷繁复杂，而且各类新媒体的市场环境、发展前景等也有所不同。从这个意义上说，各企业决不能一哄而上，而应该认真分析自身的优势，找到适合自己的定位。只有这样，才能够有的放矢，减少企业在运营过程中的一些风险，实现企业长远发展。

其次，要关注新媒体的市场发展。在新媒体行业中，企业开始呈现出大小分化的趋势及特点，业务也从市场细分朝着全面覆盖的方向发展。尤其是一些垄断企业，通过业务的不断延伸来巩固自己的行业地位。对于很多中小企业而言，虽然也有可能具有某一方面的创新优势，但是在其发展过程中的不确定因素太多，且单一的业务根本不可能为企业争取到太多的利益。而对于企业而言，根本目的就是获取最大利益，所以在进行风险管理的时候，企业一定要看清新媒体市场的发展态势，把握好时机，在尽量避免风险的同时获取最大的利益。

然后，企业应该注重商业运营模式。企业要想发展，商业运营模式是关键。无论是新媒体还是传统媒体，以内容作为主体的商业模式已经不能达到盈利的目标，因为以广告为主的盈利时代已经一去不复返。如果还在以海量广告作为盈利的主渠道，势必会被社会所淘汰。所以，对于个体企业而言，必须开发出具有独特优势的新产品，同时还要注意依靠自身的管理来对市场形成掌控，这样才能够使企业的产品结构得到有效优化,增强企业的盈利能力以及抵御风险的能力。

最后,相关部门要制定相应的退出机制。市场有竞争必有淘汰。对一些违反法律规定、侵害公众利益、违法经营的企业,应设立市场退出机制。

(四)提高网民媒介素养

网民在日常上网活动中也要提高自身的媒介素养,不断增强责任意识,把维护文明的网络环境作为应尽的义务。建设和维护健康、和谐的网络环境,抵制不利于民族团结的网上言行,要依靠“他律”和“自律”规范网络评论,具体来说,网民可以从以下三个方面提高自身媒介素养。

第一,尽可能客观、负责任地发布信息与言论,培养理性思维。网络的匿名性让网民享受到随意表达的快感,同时也引发了网民无须为自己言行负责的思维倾向。虚拟的空间、海量的内容和信息的易逝,都为网民不负责的信息、言论发布提供了可能,而快速、即兴的表达更是让网络缺少理性的思考,表现出强烈的主观性和情绪宣泄性。长此以往,“浅思维”“无思维”将漫布网络空间。因此,我们需注意培养理性思维,将深度思考与网络发布相结合,尽量站在客观、中立的立场来传播信息。

第二,维护公共利益,培养公共视角。互联网沟通了全球信息,却也孤立了个人空间。网民作为个体的角色和意识被强化,而他人的、公共的意识却遭到削减,这绝不是网络这个开放平台所希望发展的方向。由此,网民应加强公共责任意识的培养,既然网络将信息的传受者还原成平等的公民,那么站在公众的立场上发布言论则理所应当。网络作为公共领域,并非发泄爱恨情仇、满足个人欲望的私密空间。因此,即使网络提供了许多发布的渠道,网民也应该注意选择信息的传播,无视公共利益和道德的传播,必然给社会带来负面影响。

第三,不随意攻击合理的多元信息,培养广阔胸襟。网络传播内容具有开放性,这是一个超越民族、地域的空间,而这种跨越与开放也必然带来多元价值的出现。各种纷繁复杂、光怪陆离的现象、人物、事件都交融在互联网的世界里,而网民的庞大性与差异性使他们在接触这些海量的信息时,呈现出许多矛盾和冲突。但是为了保证网络空间的健康有序发展,就要求网民在接触互联网时培养开放、包容的心态。当接收到多元或者异己的信息和言论时,如果这些信息和言论符合法律、道德和行业规则，网民应当用平和的心态看待，避免网络中恶性的争论。

网络自由而开放的空间让网民享受到主动的权利，而这只是一个开始，我们需要承担起让网络空间健康持续发展的责任。正如西奥多·彼得森在论述社会责任时所说："自由而负责任的言论是把社会冲突从'暴力的水平'提高到'讨论的水平'，它是为了启发讨论者的智力和胸襟，开阔他们，有助于锻炼出更坚强、更自觉的公民。"这也正是网络成为公共平台的理想所在，当自由的外围空间已经建立时，我们是否具备了相当的内在品格和素质，这是每一个网络公民需要自省的。

思考题

1. 当前我国互联网管理中存在的主要问题。
2. 谈谈值得借鉴的国外新媒体管理经验。

延伸阅读

1. 弗卢. 新媒体 4.0[M]. 叶明睿，译. 北京：人民日报出版社，2019.
2. 邓瑜. 媒介融合与表达自由[M]. 北京：中国传媒大学出版社，2011.
3. 陆地，高菲. 新媒体的强制性传播研究[M]. 北京：人民出版社，2010.
4. 张玉启. 传统媒体对接互联网思维的要素分析[J]. 中国广播电视学刊，2018.
5. 王芃. 新媒体内容低俗化现象治理建议[J]. 出版广角，2018.

第九章　新媒体时代的网络文化

学习目标

- 掌握网络文化的概念与内涵
- 了解网络文化的发展与特点
- 了解网络文化的社会影响

第一节　网络文化的产生与定义

20世纪人类发明创造的网络技术、通信技术、计算机技术，是一场改变人类文化范式的科技革命。网络文化的出现，给本来就百家争鸣、纷争不已的文化讨论开辟了新的话域，增添了新的话题，给中国一百多年来以现代化为目标的文化转型带来了挑战，也给中国改革开放以来以建设中国特色社会主义为主题的文化转型带来了新的生机。

一、网络文化产生的原因

(一)技术因素:网络与文化的碰撞

从字面来看，网络文化与传统的文化最明显的区别在于多了“网络”二字，因而要讨论网络文化产生的原因，网络是绕不开的话题。

德国技术哲学家拉普曾说:“实际上，技术是复杂的现象，它既是自然力的利用，同时又是一种社会文化过程。"技术的发展不仅表现为工具的变革与进步，也暗含了文化的演进和发展。从系统论的观点来看，技术与文化是一个相互联系、不可分割的系统整体，技术与文化都不可能孤立存在、自主发展，而是相互依赖、相互制约，构成一个"无缝之网"，并处于"经济、政治、文化、社会和物理性要素的永恒流动和进化中"①。技术与文化之间通过相互嵌合，交相辉映，构建了全新的网络文化景观。

网络技术重构了文化赖以存在的基础：首先，它构筑了新的物质观。网络承载的信息在现代社会生活中高密度、高速度地传播和交流实际上已经形成一种新的物质形态，成为推动现代社会发展的一种不可或缺的战略资源。其次，它建立了新的时空观，确立了"地球村"的观念，打破了阻碍人们交流和沟通的壁垒。再次，它倡导新的社会观念，利用计算机和信息网络技术为人们构建了一个奇异的"人造世界"，现实世界的另一端还存在虚拟世界，人们在这个世界中重新构建自我，与各种人和事物发生联系。这种联系依靠信息技术来实现，极大地拓展了人们对社会关系的理解、对社会的理解。迈克尔·海姆通过对虚拟实在的分析揭示了现代技术与文化的全新关系。他说："虚拟实在就是这么一种技术，它可以用于人类的每一种活动，而且可以用来中介人类的每一个事物。由于你全身心沉浸在虚拟的世界中，所以虚拟实在便在本质上成为一种新形式的人类经验——这种经验的重要性之于未来，正如同电影、戏剧和文学作品之于过去一样。它的潜在影响非常之大，有可能界定因其利用而产生的文化。"②无论从哪个角度去探讨网络文化，我们都需要对基础的网络技术架构有整体、系统的认识。

从互联网发展的历史来看，网络文化发展的每一个阶段都带有重要的技术发展和核心应用，技术与社会文化的结合又孕育了网络文化的基础价值观念。

（二）需求因素：社会与个体的文化需要

从社会文化建设上看，为了让文化与经济两方面都得到大发展，必须利用网络推动社会主义先进文化的建设。网络为新时代文化产品的生产和传播提供了新的

---

① 李三虎. 技术决定还是社会决定：冲突和一致[J]. 探求，2003(1)：42.

② 海姆. 从界面到网络空间——虚拟实在的形而上学[M]. 金吾伦，刘钢，译. 上海：上海科技教育出版社，2000：序言.

平台,深刻改变了人们获取精神文化产品的方式和渠道。网络文化在互联网的沃土中不断孕育和成长,使整个文化市场迸发出新的活力,同时也使世界范围内的文化共享和传递成为可能。发展和建设中国特色网络文化是我国现代化建设进程中必不可少的一环,因此,相关部门一方面要努力搭建和完善网络文化主阵地,营造清朗的网络空间,使之成为传播中国特色社会主义文化的新平台;另一方面,要不断激发普通民众的文化创造力和传播力,为网络文化的发展注入源源不断的动力。

从个体在社会发展中的需要上看,在社会现代化的进程中,人们的社会关系急速变化,网络技术提供的网络化、弱关系纽带、社交圈子,无不成为人们寻求新型社会关系的重要手段。除此以外,现代化进程还包含个体现代化这一重要的步骤。个人如何利用技术获得更强的行动力,如何利用技术重塑个体的自我身份,寻求群体认同,都是新的社会环境提出的新问题。随着网络的兴起,个体有意识或无意识的文化需求都渴望得到满足,这也成了网络文化中一股不可小觑的推动力。

(三)交互因素:网民的紧密互动

在互联网空间中,使用者、技术应用平台、现实社会与文化彼此之间发生反应,网络文化就是这些反应的产物之一。

随着网络技术的进一步发展,赋予个人以更强控制力的技术应用逐渐获得人们的青睐,技术与用户之间互相促进、互相包容。在这一过程中,文化和技术的交融与用户的感受息息相关,促进了网络文化的产生。

第一,网络技术更加强调即时性和跨地域性。随着定位技术、传感技术的进一步发展,网络更加强调即时性。“实时”则来自网络的电子技术系统的输入响应和输出特性,这种技术基因使网络文化明显地区别于现实世界中的文化。在现实世界中,在网络出现之前,对某一个事件的响应常常就是几个专家在传统媒体上发表意见,观点的同质性较强,彼此之间难以形成互动。虽然有许多人都想发表看法,但是他们的看法是分散的、封闭的,无法传达到公众中。网络出现后,面对舆论焦点,想发表看法的人从四面八方聚拢过来,形成了强大的围观群体。这是网络技术与用户的互动所形成的特殊文化环境。

第二,进入 Web2.0 时代后,blog、tag、RSS、Wiki 等核心应用愈加广泛,这既加强了个人化又兼顾了社会化,强调进一步的开放、共享、参与和创造。由于技术的准入门槛低，普通人开始有能力进行创作和生产。每个人在互联网上都可以产生不同的价值，能够参与信息传递的整个环节。例如，当你敲击文字、添加图片和音乐、变换字体色彩和文章格式时，你就是实际意义上的编辑者；你编辑完文章，按下“确定”键，让网络上认识或不认识的人阅读时，你就是信息传播者；而当你回复别人的评论时，你又变成了信息交流者。技术的应用让人们在不知不觉中参与了信息的编辑、发布、传播和交流，构成了用户与用户之间的互动。

第三，网络技术的融合进入更高层次，因而将传统媒介都包容进来，由此出现了多媒体、全媒体的立体格局。例如，宽带网络与无线通信网络的无缝对接，使互联网上的文字、图片、音视频内容大量进入各类移动终端；随着广播、电视的完全数字化，数字收音机和数字电视机亦成为互联网内容传播的重要终端……保罗·莱文森曾说：“因特网摆出了这样一副姿态：它要把过去一切的媒介‘解放’出来，当作自己的手段来使用，要把这一切变成自己的内容。开始的时候，因特网的内容是文本。到了20世纪90年代，它扩张以后就包括了图像和声音。再到世纪之交，它又提供了网络电话、在线音频播放、在线视频播放。因特网证明且暗示，这是一个宏大的包含一切媒介的媒介。”①媒介融合带来了全新的体验，人们对时空的感觉被重新设定，而时空是构建文化的关键内容，信息的多样组合形成的文化内容深刻影响了人们体验文化的习惯，新的信息传播方式会引发社会价值体系的分化和主体构建方式的转型。

另外，许多社会问题被人们用不同的技术应用加以改变，并且通过互联网进行传播，迸发出惊人的威力。如今经常出现的一幕是：网络空间振臂一呼，现实空间随之呼应，两者之间的交融、互动非常频繁，这也使得网络空间具有更多的现实意义和社会意义。

现实文化是存在于物理空间中的文化，它既包含主流的意识形态，也包含具体的各类文化形式。现实文化通常用语言、手势、文字、印刷品等载体来传达信息，具有单向、线性传播的特点。而网络文化则以信息技术和网络技术为载体，具有高度互动的特点。二者通过网络这一介质产生了千丝万缕的联系，这种关联与互动导致各个地域和领域都产生了丰富的网络文化。

---

① 莱文森.数字麦克卢汉——信息化新纪元指南[M].何道宽，译.北京：社会科学文献出版社，2001：42.

二、网络文化的定义

尽管人们对网络文化并不陌生,但要给包罗万象的网络文化下一个明确的定义是很困难的,任何网络活动的主体、客体都是网络文化的一部分,各种网络行为、网络活动都具有网络文化的气息。

学者匡文波从文化的定义"文化是人类所创造的一切物质和精神成果的总称"出发,指出网络文化是指以计算机技术和通信技术融合为物质基础,以发送和接收信息为核心的一种崭新文化。学者王文宏从国家和民族文化的角度出发,认为网络文化是计算机和信息科技产生的时代下的产物,是促进文化走上世界大一统文化的中介和桥梁,并强调了保护本民族文化精华的必要性。学者尹韵公则认为,所谓网络文化,是一种全新的文化表达形态,它以人类最新科技成果互联网和手机为载体,依托发达而迅捷的信息传输系统,运用一定的语言符号、声响符号和视觉符号等,传承思想、文化、风俗民情,表达看法观点,宣泄情绪意识等,以此进行相互之间的交流、沟通、联系和友谊,共同垒筑起的一种崭新的思想与文化的表达方式,形成一种崭新的文化风景。[①]

本章从网络文化是技术与文化交叉融合这一角度对网络文化给出一个定义:网络文化是在互联网技术与传统意义上的文化碰撞中形成的新型文化形态,是在网络中多元主体与节点的互动过程中形成的满足社会与个人文化需要的一切活动、信息、现象等。它随着时代的变化而不断发展,在特定阶段有特定的表现形式和特点。

第二节　网络文化的发展与特点

一、网络文化的发展

尽管不能用一个全面的概念将网络文化的内涵表达透彻,但网络文化的具体表现内容和形式是网络世界中的每个个体都能真真切切感知到的。关于网络文化

---

① 杨喜冬.网络文化与大众文化关系探析[J].经济研究导刊,2015(7):43-44.

的发展情况，不同学者从不同的角度进行了梳理，如产业角度、主体角度，还有的从对传统文化的影响来探讨。如北京邮电大学网络文化研究中心的王文宏教授根据不同时期的主体将网络划分为网络文学风暴、博客风潮、电子期刊热潮等。以下从用户的参与程度将网络文化的发展分为三个阶段。

（一）用户参与度低，近乎单向传播的网络文化

互联网发展初期的网络文化变现形式还比较简单，用户的参与程度也相对较低，网络文化的参与主体多是互联网兴起前就在现实文化领域做得出色的组织机构，如新闻机构、传统的文化组织等。这一时期的主要网络文化形式有电子邮件、门户网站、网络文学等。

电子邮件是一种远距离传递信息的方式。通过电子邮件，全世界的人们得以在更大的范围内重新“部落化”，形成麦克卢汉所言的“地球村”。但是由于早期技术条件的限制以及人们使用频率的差异，电子邮件更多还是用于工作关系的维系，尽管它能够精准地进行点对点的传播，但是互动的即时性和频率都较低。

门户网站是一种海量的信息聚合形式。依靠早期的网络技术发展起来的门户网站，对海量的信息进行收集、整理和归纳，通过超文本链接的方式吸引用户点击、阅读，从而实现供应侧的变革。门户网站从频道的多样化、网站的细分化、受众的多元化等方面吸引了大量用户，为网站以后的发展积累了人气。

初期的网络文学也不像今天的文学网站一样拥有很高的用户参与度，那时一方面原创的内容较少，另一方面能够长时间上网并且进行阅读和创作的用户不多，这就造成生产和消费两端都没有广泛的参与群体。更多时候，传播实体出版物的扫描版更为普遍。

总的来看，网络文化发展初期几乎是传播主体的单方面传播，虽然大量的内容涌现在网络中，但是用户的反馈和参与与互联网出现之前差别不大。

（二）用户主动参与的双向互动文化

随着网络技术的进一步发展，网络文化也逐步与传统的大众文化、精英文化进行了有效结合，各类商家、产业机构、社会文化组织甚至是网民都可以进行文化产

品的生产和传播。此时大批的网络文化产品也应运而生,如BBS、QQ、维基百科、新浪博客、开心网、人人网、豆瓣网等。

OICQ,即腾讯QQ的前身,创办于1999年2月,和当时大多数社交网站一样,OICQ包括网络寻呼机、公共聊天室、传输文件等功能,用户只能在PC端交流信息。在之后的版本中,用户可以借助平台进行语音聊天。2000年,腾讯将移动版QQ集成于手机中,用户可以在移动QQ上使用聊天功能,开启了社交网站移动化传播的先河。腾讯以QQ为基础创办了一系列周边产品,包括QQ游戏、QQ浏览器、腾讯视频、腾讯微博、微信等。

博客是Web2.0时代的代表性产品,国内最初的博客网站有博客网、博客大巴、博客中国等。2005年,新浪博客诞生,由于其门户品牌前期的用户积累,再加上新浪博客邀请大量明星入驻平台,分散于各个博客网站的用户大规模地迁移到新浪博客,新浪博客从此崛起。自新浪博客之后,腾讯、搜狐、网易等的博客网站纷纷上线,博客迎来了发展的黄金时代。

这一阶段的网络文化呈现出新的特点:第一,用户和不同的网络技术形式产生了双向互动,技术支持快速、即时的反馈,让更多用户热衷于投身到问题的讨论、评论和回复之中,传播的良性循环得以实现。第二,用户成为新的文化内容的生产者,由此使得生产和消费的边界逐渐走向模糊。第三,网络文化出现了以兴趣、爱好和共同利益聚集的社群,用户在网络中的归属感和存在感更强,从而产生了网络产品大量生成、再生产和消费的全链条。

(三)社交化、移动化的网络文化

网络技术的不断发展,实现了社会关系的互联共享,还使得固网走向了移动化,网络文化的内容生产、传播和消费都达到了空前繁荣的程度。以微信为代表的移动社交网络,以抖音、快手为代表的短视频社交产品,以虎牙、斗鱼、哔哩哔哩、人民直播为代表的直播视频平台,以《我是歌手》《创造101》为代表的综艺产品,以《王者荣耀》《旅行青蛙》《恋与制作人》为代表的游戏极大地丰富了人们的精神世界。

网络文化的社交化,使得网络行为、网络关系能够生产出新的文化内容,同时也产生了新的文化传播模式。网络文化社交化指的是人们在网络上持续在线,社会关系可以进行即时的互动。不同的人在社交过程中会传递差异化较大的信息，某些内容可能出现快速、病毒式的传播。网络文化社交化使得个人超越了狭小的地方社区，建构起区域性、全国性、甚至全球性的认同。例如，在微博发布的一条信息，通过粉丝的传播，就可能从“圈子”传播走进“广场”传播，从而产生持续变化的文化内容。其次，网络文化社交化能够强化网络文化的社会属性。用户在通过各种方式进行互动时，文化群体会呈现出独立的个性化和群体的社会化需求。互联网的发展降低了自我表达的难度，越来越多的用户在互联网中展示自我、分享生活，与他人建立社会关系。微信、自媒体等具有诸多社交圈子的网络形式，能够将一些小众的信息通过特殊的关联节点，快速传播和扩散，使其很快变成大众熟悉的文化形式。

网络文化社交化，使网络世界中的人与人的互动、人与文化产品的互动、产品与产品的互动随处可见，甚至关系着整体社会文化和社会行为的发展方向。粉丝文化、弹幕文化、微信文化、短视频文化以及恶搞文化、鬼畜文化等都是这一时期典型的网络文化表征。

弹幕文化在二次元文化圈兴起，逐渐扩散到各大视频平台，刷弹幕、看弹幕成了视频的“伴手礼”。弹幕原本是军事用语，用来指像幕布一样密集的子弹，现在指视频平台上的一种可以飘在画面上的评论功能，用户的评论内容络绎不绝地飘过画面，像是子弹形成的幕布，因此叫弹幕。弹幕的内容与画面内容几乎同步，对剧情有极强的针对性，有的以娱乐化的方式对内容进行消解和解读，有的包含有意义的信息，有的没有任何信息价值，但就是这样看似简单的行为构成了一次次的网络视频弹幕狂欢。

另外，移动互联网和移动智能终端的普及使得网络文化进一步走向了移动化。短视频应用就是其中一种重要的文化形式。时长在5分钟之内的短视频改变了传统视频的模式，使用户在有限的时间内能够更加直观、生动、形象地了解视频内容。抖音成为移动短视频领域占有市场份额最大的应用。

用户大量地使用短视频应用，一方面是由于流动性的增强使人们产生了强烈的时空转换感，希望能有媒介进行记录；另一方面则是出于用户希望抓住碎片化时间进行自我表达的需求。从时空转换来看，用户在抖音上可以通过上传短视频来展现自己在特定的时空所进行的有意思的活动，通过平台迅速地传播，获得他人的点评和赞同,从而获得认可。从用户自我表达的动机来看,一方面,用户可以通过抖音寻找与自己兴趣爱好相同的用户;另一方面,用户可以利用抖音上的内容满足自己娱乐消遣的需求,缓解现实生活中的压力,因此近几年尤为受到欢迎。

二、网络文化的特点

(一)开放和隐匿并存

互联网具有超时空、交互性和无界性等特点,因而在互联网中诞生的网络文化具有无可比拟的开放性。论坛、贴吧、微博、公告栏、群组讨论、在线聊天、个人空间等网上交流空间,为网民提供了一个开放共享的互动平台,使得具有相同兴趣的访问者纷至沓来,聚集在一起,分享彼此的喜怒哀乐和生活点滴。这种开放是传播格局上的开放,即传统媒体的垄断地位被打破,多元文化有了发声及发展的空间。此外,网络文化的开放性还有另一层含义:网络文化的传播过程是开放的,任何一种网络文化都不是闭门造车,它允许网络中的多重个体参与其中,也正是这种多元参与的开放性,壮大了许多以往并不起眼的亚文化。

网络文化的另一面与隐私密切相关。随着文化在网络平台的不断发展,隐私问题遇到了新的挑战。例如移动文化的关键技术之一是位置服务,包含定位、导航等。当技术无处不在时,我们在享受服务的同时,隐私泄露的可能性也越来越大,因而文化的隐匿性是大家关切的问题。

(二)参与和协作增强

在传统的大众传播时代,社会文化的生产和传播者往往是精英和知识分子,文化话语权掌握在少数人手中。而网络文化从理论上讲就是一种试图打破文化垄断、重建文化生产传播秩序的社会发展过程。目前,越来越多的普通民众参与到文化生产和传播的队伍中来,传者与受者之间的界限日益模糊。“生产型受众”“参与型受众”逐渐走进大众的视野。另外,网络文化还提倡跨地域、跨时间的协作,将资源和知识重新整合和分配,既提高了效率,又节省了资源。

以微博的发展为例。微博是可以移动的传声器,它可以在极短时间内产生信息的裂变式传播效果。微博信息的传播有两种路径:第一种是基于“粉丝路径”的传播，如甲有500个粉丝，那么甲发布一条信息之后，他的粉丝就可以实时接收到信息内容，并与甲进行即时的互动和沟通；第二种是“转发路径”，即在甲的500个粉丝中，如果粉丝A觉得甲发布的这条信息不错，便通过“转发”功能将甲的此条信息同步到自己的微博，那么A的粉丝也能看到这条信息，以此类推，甲的这条信息便以几何裂变式的速度在全网范围内传播。因此，网络文化的传播具有爆发性和裂变性。

（三）时空与万物兼顾

在历史发展的每个阶段，文化都拥有不同的载体和生存空间，呈现出不同文化形态和时代特色。网络文化的产生和发展似乎对以往所有的文化形态都发出了威胁。在信息发布与传播速度上，网络文化打破了传统线性传播模式，实现了内容的实时传递和共享；在信息内容的数量上，网络文化具有海纳百川的包容性，这为小众文化提供了生存和发展空间；在信息表达的方式上，网络文化集图片、文字、视频、音频、动画于一体，实现了“多媒体一体化”传播效果。

网络文化本身内涵丰富，而移动技术将人们的闲暇时间更好地利用起来，吸引了更多用户群体，创造出更多用户行为。例如，平板电脑将老年人拉进网络游戏、网络视频的群体之中，他们常常玩《愤怒的小鸟》一样的小游戏，或是点播《甄嬛传》之类的连续剧，儿童也利用平板电脑观看动画或学习英语，移动动漫游戏产业迎来了新的创新空间。

网络文化既可以承载文字影像，也可以不受时空的限制，将文字和影像瞬时传播。移动文化的选择权更多地掌握在个人手中，任何人只要拥有一部手机并接入互联网，那么他就可以进行文化的生产和传播。这种跨时空的文化沟通和交流，激发了文化创造的活力，为文化增添了新的形式和内容。正如保罗·莱文森所说：“互联网开发了海量多样且易于检索的信息，加上手机之后，我们不但能够获得这些信息，而且能够在阳光下、大海边、山顶上或城市中心的繁华街道上与任何人交谈，想和谁交谈都行。”①

---

① 莱文森. 手机：挡不住的呼唤[M]. 何道宽，译. 北京：中国人民大学出版社，2004：151.

(四)社群智慧共生

网络社区以网聚人群为目的,不同的人以社区的形式聚合在一起,对某类内容的聚焦会更加强烈,事件急剧发展的可能性会增加。网络文化的社区化具有强大的整合作用,它使个人超越狭小的地方社区,通过象征作用建构起区域性、全国性,甚至全球性的认同。当人们习惯于把更多的时间“泡”在形形色色的网络社区时,信息这个人类生活的基本要素就借助网络社区传播开来,网络社区已经成为网民传播信息的重要渠道甚至是主要渠道。个人通过网络社区进行的针对一个人或一个群体的信息传播活动,既可以是独立进行的(在网络社区中完成信息传播),也可以跨越网络社区传播渠道与传统传播渠道。小众文化可以通过网络社区极大地扩大自身的社会影响。

在互联网朝着社区化发展的过程中,用户不再只是文化内容被动的接受者,而是变成了文化内容的生产者。比如在博客上,用户可以创建自己的主页,发布日志,分享自己的喜怒哀乐。浏览者通过“游走”于各个博客来发现自己感兴趣的内容,并在评论区发表看法和意见,在这样“你来我往”的交流与互动中容易形成聚集效应。此外,RSS、社会化标签等技术的应用为小众的博客群体寻找庞大的组织提供了便利的条件,博客搜索可以让用户方便地获取博客内容,这就使得社群智慧共生成为可能。

维基百科创建了一个在线百科全书,其成立源于这样一种思想:互联网上的任何人都可以添加条目并且这些条目可以被任何人编辑。这对动态、协作式的内容创作具有深刻的意义。Yahoo 收购的站点 del. icio. us 开创的社会化标签将互联网中兴趣相同的分散用户快速聚集在一起,为社群智慧共生提供了技术支持。以上种种案例都表明,网络文化的创造和传播,并非是单个人或少数人的努力,而是普通民众协作的力量和集体智慧的结晶。

(五)想象力与创造力迸发

网络文化提倡用户合作生成的文化,这种文化是动态的,它极大地促进了人们的交流、竞争和合作,为人们创造现代文化提供了需要、契机和动力。网络文化还导致人类思维方式的变革与创新,它可以为人类迅速地提供各类信息,为现代文化创造提供无数可供选择的素材，极大地激发着人们的灵感。另外，网络文化开拓的虚拟世界更是为人类想象力和创造力的发挥提供了一个巨大的空间。

第三节　网络文化的影响

一、网络文化对社会文化的影响

(一)对大众文化的影响

大众文化是一种迎合大众品味、满足大众日常文化需求、反映大众日常生活，并为普通民众喜闻乐见的一种文化形式。大众文化不同于“阳春白雪”式的精英文化，它具有大众性、通俗性、娱乐性、丰富性和商业性等特征。大众文化涵盖范畴十分广泛，包括电影、电视剧、小说、流行音乐和杂技曲艺等。大众文化的出现，为普通民众提供了丰富的文化娱乐形式，同时也完善了文化系统，为多元文化的发展注入了活力。

网络传播的覆盖面广，信息传播速度快，影响的群体规模大，网民作为文化参与者与创造者具有很强的主体性。网络文化天然具有大众文化的性质，但事实上，网络文化的发展也经历了从精英到大众再到小众的过程。它在保持开放性的同时也越来越具有私密性。在中国，网络文化利用其特殊的技术特性，制造出让广大民众喜闻乐见的文化形式，拓宽了大众文化的发展道路。大众文化具有的通俗化、模式化、商业化、娱乐化、游戏化等特征，也被网络文化所借用甚至发扬光大，网络文化借用大众文化的消费模式，制造出了更多狂欢式的文化内容和文化形式。不过，网络文化在发展过程中也为大众文化带来了消极的影响。由于过度的商业化以及网民思想的复杂性，使得网络文化容易变得混乱和低俗，由此也影响了现实中的大众文化。以视觉艺术为例，目前网络文化中视觉窥探泛滥，“身体展示”大行其道，感官享乐主义的公然炫耀、没有节制和限度的自我裸露比比皆是，大大降低了人们的审美旨趣。

(二)对精英文化的影响

精英文化是一种与整个社会的发展方向有联系的文化形态，它是社会文明与道德体系的高度浓缩。精英文化曾经是国家、民族历史文化的代表，是受到高度尊重、享有垄断地位的文化。精英文化因网络文化的产生寻找到自己新的生存之地，进一步提高了影响力。

精英文化旨在教化、引导、规范社会大众的价值观念、道德伦理和行为规范，那些包含着反思意识、批判意识、探索意识的文化在网络的帮助下得到了更多人的关注和讨论。越来越多的精英开始走向网络，开设博客、微博，书写自己的思考，与更多的人进行交流。目前，各种专业性网站在中国网络文化中起到了更新知识、推动社会发展的重要作用。

不过，精英文化在网络中也不是一成不变的，相反，它在网络文化中也时时受到质疑和挑战，甚至被推翻。在网络文化出现以前，传者和受者缺乏充分的双向互动机制，网络文化则提供了即时互动、双向互动的条件。由于在网络中没有绝对的权威，一个话题的提出往往会引出各种争论和意见，精英不一定就能成为意见领袖。

可以说，网络文化在某种程度上兼容了大众文化和精英文化，在赋予二者以生机的同时也为它们的发展带来了挑战，这几种文化相互交融，构成了新的文化景观。

二、网络文化对社会伦理道德的影响

技术的大发展，带来的并不全是积极的后果，对于社会伦理道德来说，技术常常是一把双刃剑。人类自诞生以来，从游牧到农耕，从农业到工业，从工业到信息化，科技创造了一个又一个神话，一次又一次挑战现存的社会秩序和人们的行为准则，一方面打破了原有的伦理道德秩序，另一方面又促进了伦理道德的进一步发展。网络文化在社会急剧转型的时刻，在全球互联互通的网络社会，正在以摧枯拉朽之势重建社会伦理道德规范和秩序。

互联网的发展和普及使得人们的生产生活方式发生了巨大的改变。社交情境的改变带来伦理道德意志的深刻变革，从而催生出新的道德诉求。这种道德诉求一改以往传统、顺从的模式，更多地强调个人的自主意识。一方面，网民由于生活在“虚拟空间”，可以暂时摆脱现实世界的束缚，做出某些与现实道德不符的行为；另一方面，在网络世界和现实世界的“两栖人”，容易产生一种伦理道德的错位现象，自觉或不自觉地将网上伦理道德与现实伦理道德混淆。

基于互联网与现实社会伦理道德产生的一系列冲突和碰撞，我们不能任其自由无序发展，否则将会造成整个社会集体的道德滑坡。因此，构建适合国情的网络文化伦理道德体系有重要意义，它不仅在于为网民提供一个共同遵循的道德准则，构建良好的网络关系，还在于维护网络社会与现实社会的和谐，打造一个风清气正的网络空间。要构建符合国情的网络伦理道德体系，需要了解当下网络文化与社会伦理道德冲突的具体表现：

(1)网络文化中掺杂随意、不健康的语言和视觉内容，不良语言、色情及暴力内容是其中典型的代表。一些网民从现实的社会规范中抽身，在网络空间中释放自我，在发表意见和看法时，随意地谩骂和抨击，污言秽语在网络空间中并不少见。另外，一些网站为追求“吸睛效应”，发布大量的色情及暴力内容，完全超出了现实生活中的道德尺度。

(2)网络文化中存在许多行为失范现象。在网上，有的人想成为另一个“我”，凭借网络的虚拟性、匿名性等特点，企图放松自己，寻求新鲜、自由、刺激的行为，在网上坑蒙拐骗。还有的人由于长期上网成瘾，导致心理变态与情感异化，对现实生活中的情感感到麻木，宁可到网上去寻求感情寄托，不愿直面现实，精神世界出现紊乱。

(3)网络诚信缺失，信息失真。由于无法面对面地沟通，现实社会交往的基础不复存在，网络上出现了大量虚假信息。电子商务中的虚假营销就是一例。另外，由于网络传播大部分时候是匿名的，因而传播者的道德感下降，谣言传得更快、影响力更大。虚拟的交往情境和网络匿名机制，弱化了社会伦理道德的约束性，使得一些不法分子铤而走险，做出网络诈骗等违法行为。

(4)网络隐私缺乏保护。隐私权是公民享有的隐瞒个人隐私和秘密的权利，没有经过他人允许不得公开传播他人的隐私。虽然互联网具有开放性的特征，但这种开放性同时也隐藏着泄露个人隐私的危机。尤其是大数据、算法等技术的普及，使得用户在网络空间中变得“透明化”，个人隐私不再是秘密。当前，流行在社交网络中的人工智能换脸技术，又将隐私问题推上了风口浪尖。面对未来智能化技术的高度学习能力和仿真能力，隐私问题将会有更大的隐患。

(5)知识产权缺乏有效保护。网络的开放性让知识在快速传播与分享的同时也饱受侵权之苦。例如,一些自媒体公众号为了追求点击率和吸引更多的粉丝,会利用一些“洗稿”技术,将一些优秀作家的作品“回炉重造”,调整一下语序或改变一些词组,重新合成一篇文章发表在自己的公众号上,这种换汤不换药的做法是对知识的不尊重,是对文化产品的一种玷污。另外,网络游戏抄袭、开外挂等问题大量存在,原创产品生存艰难。随着网络的不断发展,各种接口越来越多,知识产权的保护问题可能会变得更加尖锐。

不过,随着国家对网络文化建设与管理的重视、网民个人素质的提高,网络文化也以另一种方式促进了人们对伦理道德的思考。首先,网络为人们的沟通创造了相对虚拟的环境,有助于人们心理压力的释放和缓解。一个沟通顺畅的社会,必将有助于社会整体的和谐发展。在网上,兴趣各异的人都能找到自己的生存之地,寻求到精神的解脱和慰藉。其次,网络社会具有化解极端情绪的能力。网络为人们提供了言论相对自由的空间,对于一些舆论焦点、改革难点,网民可以发表自己的看法和建议,有助于疏导人们的情绪。最后,网络文化带来的伦理道德问题,促成了社会关于“个体与社会责任”“技术与社会伦理”等问题的讨论,有助于人们思考如何创造良好的网络生态环境,使网络文化更好地服务于人类。

三、网络文化对网络空间治理的影响

有什么样的社会存在就有什么样的意识形态,一定社会存在之上的文化必然有与之相适应的意识形态的出现。在网络社会中,网络文化最终是对社会生活的基本反映。具有中国特色网络文化的建设,必然和现实的目标紧密结合。

网络文化所具有的包容、开放性特点,对主流意识形态的建设既提供了良好的发展机遇,又形成了新的挑战。一方面,网络时代的到来,让不同地区、民族的文化通过网络相互交流与融合;另一方面,由于各民族和国家的发展极不平衡,文化竞争力存在较大差异,强势文化总有要引领世界文化走向的意愿,这让维系本民族文化、坚持建设符合本国主流意识形态的网络文化充满困难。

从网络空间秩序角度看,网络文化源于现实,与现实生活水乳交融,因而网络文化中的糟粕也不可避免地渗透到现实生活中。如滴滴丑闻出现时网上的不良言论、李炳鑫事件中人肉搜索的危害……给网络空间治理带来了新的问题。

因此,在网络文化建设中要非常注重主流意识形态的构建,让主流意识形态及经典文化引领网络文化的发展。以中国为例，以官方权威新闻网站为主要力量加强文化阵地建设，以中文信息资源巩固民族文化的影响力，以网络引导、网络教育为手段，鼓励网民加强自我修养，实现网络文明，从而使网络文化与现实文化共同为精神文明建设贡献力量。

从中国网络文化的发展来看，其在社会各方面发挥出了巨大影响力。经济上，虚拟企业和组织把人带进了资源配置的全新环境中，网络经济初显威力；政治上，传统的权力模式受到挑战，政府的运作管理方式逐渐发生变革；文化上，互联网信息的流动促使文化行为特征发生改变，也促进了民族文化交流与融合。

网络文化改变着人们的行为方式、思维方式、生活方式，渗透到人类生活的方方面面，它在建构一个新的网络世界的同时，改变乃至塑造着人们习以为常的现实世界。

思考题

1. 简析新媒体时代网络文化的特点。
2. 试论新媒体时代网络文化对社会政治、经济、文化、网络治理等的影响。

延伸阅读

1 特克尔 群体性孤独[M]. 周逵，刘菁荆，译. 杭州：浙江人民出版社，2014.
2. 王文宏. 多重视域下的第五媒体文化研究[M]. 北京：北京邮电大学出版社，2010.
3. 曾静平. 网络文化概论[M]. 西安：陕西师范大学出版社，2013.
4. 郭加书. 论信息化背景下的网络文化建设与管理[J]. 山东社会科学，2010.
5. 唐亚阳，刘宇. 中国网络文化 20 年研究综述[J]. 湖南大学学报(社会科学版)，2014.

第十章　新媒体与国际传播

学习目标

- 了解各国新媒体发展现状
- 了解国际新媒体的发展趋势
- 了解各国新媒体发展战略及政策
- 了解国际传播基本内容

第一节　各国新媒体发展现状

随着现代互联网的广泛应用和信息技术的发展,新媒体得到了突飞猛进的发展,为人们的工作生活带来了非常大的便利。同时,新媒体借助其丰富的呈现方式、极强的互动性以及较高的覆盖率、性价比等优势在现代传媒领域中占据了重要的地位。

一、中国新媒体发展现状

现今,中国新媒体步入了新的发展阶段。网络信息安全成为国家战略,媒体融合成为中央深化改革的重要任务,网络助政成为国家治理的重要手段,互联网金融方兴未艾,移动互联网日益勃兴。根据中国互联网络信息中心在京发布的第 44 次《中国互联网络发展状况统计报告》,2019 年上半年,中国新媒体发展呈现出以下六个特点。

一是 IPv6 地址数量全球第一，“. CN”域名数量持续增长。

截至 2019 年 6 月，我国 IPv6 地址数量为 50 286 块(/32)，较 2018 年年底增长 14.3%，已跃居全球第一位。我国 IPv6 规模部署不断加速，IPv6 活跃用户数达 1.3 亿，基础电信企业已分配 IPv6 地址用户数 12.07 亿；域名总数为 4800 万个，其中“. CN”域名总数为 2185 万个，较 2018 年底增长 2.9%，占我国域名总数的 45.5%。2019 年 6 月，首届“中国互联网基础资源大会 2019”在京召开，大会围绕网络强国战略大局，回顾中国互联网二十五周年发展历程，聚焦互联网基础资源行业发展，展示前沿创新技术，搭建行业交流平台，推动行业规范有序发展。

二是互联网普及率超过六成，移动互联网使用持续深化。

截至 2019 年 6 月，我国网民规模达 8.54 亿，较 2018 年年底增长 2598 万，互联网普及率达 61.2%，较 2018 年年底提升 1.6 个百分点；我国手机网民规模达 8.47 亿，较 2018 年年底增长 2984 万，网民使用手机上网的比例达 99.1%，较 2018 年年底提升 0.5 个百分点。与五年前相比，移动宽带平均下载速率提升约 6 倍，手机上网流量资费水平降幅超 90%。“提速降费”推动移动互联网流量大幅增长，用户月均使用移动流量达 7.2GB，为全球平均水平的 1.2 倍；移动互联网接入流量消费达 553.9 亿 GB，同比增长 107.3%。

三是下沉市场释放消费动能，跨境电商等领域持续发展。

截至 2019 年 6 月，我国网络购物用户规模达 6.39 亿，较 2018 年年底增长 2871 万，占网民整体的 74.8%。网络购物市场保持较快发展，下沉市场、跨境电商、模式创新为网络购物市场提供了新的增长动能：在地域方面，以中小城市及农村地区为代表的下沉市场拓展了网络消费增长空间，电商平台加速渠道下沉；在业态方面，跨境电商零售进口额持续增长，利好政策进一步推动行业发展；在模式方面，直播带货、工厂电商、社区零售等新模式蓬勃发展，成为网络消费增长新亮点。

四是网络视频运营更加专业，娱乐内容生态逐步构建。

截至 2019 年 6 月，我国网络视频用户规模达 7.59 亿，较 2018 年年底增长 3391 万，占网民整体的 88.8%。各大视频平台进一步细分内容品类，并对其进行专业化生产和运营，行业的娱乐内容生态逐渐形成；各平台以电视剧、电影、综艺、动漫等核心产品类型为基础，不断向游戏、电竞、音乐等新兴产品类型拓展，以 IP (Intellectual Property，知识产权)为中心，通过整合平台内外资源实现联动，形成视频内容与音乐、文学、游戏、电商等领域协同的娱乐内容生态。

五是在线教育应用稳中有进，弥补乡村教育短板。

截至2019年6月，我国在线教育用户规模达2.32亿，较2018年年底增长3122万，占网民整体的27.2%。2019年《政府工作报告》明确提出发展“互联网+教育”，促进优质资源共享。随着在线教育的发展，部分乡村地区视频会议室、直播录像室、多媒体教室等硬件设施不断完善，名校名师课堂下乡、家长课堂等形式逐渐普及，为乡村教育发展提供了新的解决方案。通过互联网手段弥补乡村教育短板，为偏远地区青少年通过教育改变命运提供了可能，为我国各地区教育均衡发展提供了条件。

六是在线政务普及率近六成，服务水平持续向好。

截至2019年6月，我国在线政务服务用户规模达5.09亿，占网民整体的59.6%。在政务公开方面，2019年上半年，各级政府着力提升政务公开质量，深化重点领域信息公开；在政务新媒体发展方面，我国297个地级行政区政府已开通了“两微一端”等新媒体传播渠道，总体覆盖率达88.9%；在一体化在线政务服务平台建设方面，各级政府加快办事大厅线上线下融合发展，“一网通办”“一站对外”等逐步实现；在新技术应用方面，各级政府以数据开放为支撑，以新技术应用为手段，服务模式不断创新；在县级融媒体发展方面，各级政府坚持移动化、智能化、服务化的建设原则，积极开展县级融媒体中心建设工作，成效初显。

二、国外发达国家新媒体发展现状

国外新媒体发展迅猛，尤其是美国、英国、德国、日本等发达国家的新媒体占据着绝大多数的媒体资源，成为新媒体的引导者，掌控着新媒体的话语权。

全球数字报告显示，截至2020年5月31日，全球网络用户为46.48亿，占世界人口比重达到59.6%。全球社交媒体用户为38亿，年增长率为9%。全球手机用户为51.9亿，年增长率为2.4%。北欧、西欧、南欧和北美的互联网普及率最高，与总人口相比，互联网用户介于88%—95%之间。其中，南欧的互联网普及率增幅最大。

《2018年全球数字化未来聚焦》比较了社交网络的普及程度，并对比了来自美国、加拿大、法国、德国、西班牙、英国、阿根廷、巴西、墨西哥、印度等国家的数据，发现 Facebook 活跃用户数量最高，拥有超过 20 亿的活跃用户。YouTube 位居第二，WhatsApp 和 Messenger 紧随其后。Instagram 的平台访问量则不到 Facebook 的一半。

美国、英国、德国、日本的新媒体发展情况，代表着发达国家新媒体的现状与发展趋势。

（一）美国

（1）新媒体的普及态势迅猛。进入 21 世纪后，美国大约 1/3 阅读在线电子新闻的用户对传统媒体失去了兴趣，电视收视率下降了 35%，广播收听率下降了 25%，报纸购买率下降了 18%。2008 年，仅有 7%的美国人使用一个或多个社交网站。到 2018 年，这一数字几乎是原来的十倍，达到 65%。在使用互联网的人中，76%的美国人使用以社交媒体为代表的新媒体。由此可以看出，新媒体的出现与发展改变了美国人日常接收信息的方式。

（2）电视机网络化已经形成。“时移电视技术”是互动电视诸多功能之一。美国观众可以通过遥控器对实况直播频道进行暂停、快进、快退操作。通过实时频道直播的时移，每个人都可以看到与别人不一样的电视节目，促进了电视与网络媒体的融合，改变了人们收看电视节目的方式。

（3）社交媒体的发展。社交媒体 Facebook、Twitter 等在人们快速汇合意见、分享观点、传递信息、提供捐款等方面提供了重要平台。社交媒体的使用率很高，美国成年人经常在移动设备上获取新闻。同时，新媒体对社会公众的负面影响也逐渐受到关注。

（4）利用高新技术控制国际网络，突破他国网络审查。一方面，美国不顾世界各国的强烈反对和多次要求，拒不交出根服务器的管理权；另一方面，美国大力开发突破他国网络审查的新媒体技术。针对他国的网络审查，美国常常以“网络自由”为借口加强意识形态输出。近年来，美国广播管理委员会不断在手机设备、突破封网和审查技术方面增加投资，研发能够突破网络审查的软件。

（二）英国

英国的传媒业已形成大规模、复杂、成熟的体系，在全球范围内仅次于美国。

当然,这与英语作为互联网的主要语言是分不开的。

英国的互联网普及率很高。截至 2019 年 1 月,英国网络用户已占总人口的 95%,活跃网络用户达到 6343 万。手机网络用户占总人口的 80%,手机网络活跃用户为 5360 万。

电子商务进入人们的日常生活。英国在欧洲市场位居第二,网店的发展速度尤为迅猛。

电子游戏市场快速发展。13%的用户为互联网游戏玩家,14%的用户通过互联网观看游戏直播。

电视广播介入新媒体。英国的有线电视市场持续巩固,有线电视公司积极开发新的收入渠道,如数字互动电视服务、多媒体、视频点播等。2019 年,88%的用户通过网络观看电视视频,60%的用户通过网络观看电视直播内容,6.6%的用户观看网络体育赛事。

新媒体在教育上应用愈加广泛。英国在校学生人均配备电脑数量居于世界第二,仅次于加拿大。英国在小学阶段就开设计算机技术课程。英国教育立法已经连续作出调整,将计算机课程纳入国家规定课程,包括计算机设计和信息技术。

不过,新媒体的负效应在英国也已出现。2011 年“8·6 英国伦敦骚乱”带来的社会影响已渐渐止息,但关于骚乱诱因的反思却一直在延续。其中,社交网站和黑莓手机的推波助澜,不仅令英国政府得出了“信息自由流通可以用来做好事,但同样可以用来干坏事”的结论,也促使人们再次审视社交新媒体的双刃剑作用。

(三)德国

德国媒体种类多样,新技术媒体的市场份额快速上升,逐步超过报纸、电视和广播等传统媒体。此外,德国正在经历技术变革,社交媒体改变了公司的交流方式,增进了信息流通。私有化和国际化也对德国媒体结构造成影响。

媒介融合使德国广播焕发出新的生机。节目内容多媒体融合,受众角色转变,传播渠道多元化。德国广播未来的发展趋势是数字广播将覆盖全德、广播与网络将深度融合、移动广播将成为主流。

德国十分重视新媒体教育。德国新媒体国际学校开设了十几门非常前卫的新媒体课程,如“沟通网络”“媒体技术”“视觉沟通”“交互作用设计”“媒体与社会”“产业心理学”“德国新媒体插画教程”等。

德国报业转型积极。面对新媒体技术的迅速发展,作为传统媒体的报业已经意识到,媒体的生态环境和基本格局发生了重大变化,报业走到了必须积极利用先进的信息处理技术、传播技术进行数字化转型的历史关头。面对困境,德国报业努力突围,积极拥抱新媒体,并与其紧密结合,为报业的发展提供了有益的经验。

混合电视设备受众增加。在德国,46%的受访者喜欢互联网电视设备,在14—26岁年轻的目标群体中,这一数字甚至高达60%。

智能手机使用广泛。越来越多的德国人购买有众多附加功能并能联网的智能手机。截至2019年1月,德国智能手机用户占成年人总人口的75%。

(四)日本

在日本,21世纪的动漫已经从传统的平面媒体逐渐走向电视、电影、网络、手机等众多新媒体领域。新媒体动漫在日本成为技术和艺术不断结合创新并提高的舞台。

根据现实重新审视新媒体规则,在传统媒体与新媒体融合过程中出现各种新型受众服务的今天,从内容上看,网络的普及也使大量违法或有害信息得以快捷、普遍地传播,给社会造成的负面影响日益严重,而日本现行法规政策对此却无能为力。从文化产业结构来看,数字出版还是以内容为王,只要有合适的内容,就能给用户带来巨大利润。从不同的媒介市场来看,过去相互独立、边界清晰的各类媒介如今已不适应市场的需求,需要跨媒介、跨领域的新媒体重新融合,从客观上打破原有相互封闭的政策壁垒,这对日本现行的以媒介物理特性为前提的市场规制提出挑战。从受众的角度来看,随着不同媒体融合步伐的加快,广播、电视、手机、网络用户之间的界限日益模糊。日本通过重新审视现行法制和专家学者探讨,将这三个理念作为构建网络社会的核心目标:信息自由流通,普遍分享信息通信技术,确保信息通信网络的安全性、稳定性。在这种理念指导下按照内容生产、内容传输、内容分配来重新划定产业链,根据新的产业链制定新的竞争政策。

第二节　各国新媒体发展战略与趋势

一、中国新媒体发展战略

现今,中国新媒体已经步入了新的发展阶段。网络信息安全成为国家战略,媒体融合成为中央深化改革的重要任务,网络助政成为国家治理的重要手段,互联网金融方兴未艾,移动互联网日益勃兴。新媒体不断渗透各行业,一些新的问题不容忽视:微信谣言亟待治理,网络信息安全亟待提高,互联网金融亟待规范。

(一)网络信息安全成为国家战略

2014 年 2 月,中央网络安全和信息化领导小组正式成立。习近平总书记亲自担任组长,这标志着国家把网络安全与信息化建设放在与国家战略同等重要的地位,具有十分重大的意义。

2018 年 3 月,根据《深化党和国家机构改革方案》,中国网络安全和信息化领导小组改为中央网络安全和信息化委员会。办事机构是中央网络安全和信息化委员会办公室。此次改革将国家计算机网络与信息安全管理中心的管理权交由中央网信办,意味着网信办的国家网络安全的保障职能进一步加强。

网络信息安全系统与国家的金融通信行业、文化传媒行业、能源交通领域、国防军事要地等关系国计民生和国家核心利益的各方面都紧密相关。我国将网络信息安全放在国家安全战略地位是顶层设计的重要体现。

(二)媒体融合提升到深化改革的战略层面

2014 年 8 月 18 日,中央全面深化改革领导小组审议通过了《关于推动传统媒体和新兴媒体融合发展的指导意见》,至此,我国媒体融合发展被提升到深化改革的战略层面。

中央全面深化改革领导小组组长习近平强调,推动传统媒体和新兴媒体融合发展,要遵循新闻传播规律和新兴媒体发展规律,强化互联网思维,坚持传统媒体和新兴媒体优势互补、一体发展,坚持先进技术为支撑、内容建设为根本,推动传统媒体和新兴媒体在内容、渠道、平台、经营、管理等方面的深度融合，着力打造一批形态多样、手段先进、具有竞争力的新型主流媒体，建成几家拥有强大实力和传播力、公信力、影响力的新型媒体集团，形成立体多样、融合发展的现代传播体系。要一手抓融合，一手抓管理，确保融合发展沿着正确方向推进。

（三）调控互联网金融发展

网络与金融双轮驱动促进互联网金融发展。目前，第三方支付继续保持高速发展，截至 2018 年 4 月，中国人民银行共颁发 271 张支付业务许可证。但为防范金融风险，整顿市场乱象，目前有效许可证仅有 218 张。截至 2020 年 6 月，网络支付用户规模达 8.05 亿，手机网络支付用户规模达 8.02 亿。2020 年 11 月，中国支付清算协会发布《2020 中国支付清算行业社会责任报告》。报告显示，2019 年，银行业金融机构共处理网上支付业务 781.85 亿笔，金额 2134.84 万亿元，分别比上年增长 37.14％和 0.40％；非银行支付机构共处理互联网支付业务 682.54 亿笔，金额 51.87 万亿元，分别比上年减少 2.57％和增长 3.43％。银行业金融机构共处理移动支付业务 1014.31 亿笔，金额 347.11 万亿元，分别比上年增长 67.57％和 25.13％；非银行支付机构共处理移动支付业务 7066.07 亿笔，金额 254.53 万亿元，分别比上年增长 33.16％和 34.04％。可见，互联网经济是中国经济最大的增长亮点。

（四）“互联网＋”行动计划

在 2015 年的《政府工作报告》中，李克强总理首次提出制定“互联网＋”行动计划。未来，我国“互联网＋”将在工业、电子商务和金融三个方向加速融合。此外，“互联网＋制造”“互联网＋媒体”“互联网＋商务”“互联网＋旅游”等领域也呈现方兴未艾之势。

（五）“宽带中国”战略

2013 年 8 月 17 日，中国国务院发布了“宽带中国”战略实施方案，部署未来 8 年宽带发展目标及路径，意味着“宽带战略”从部门行动上升为国家战略，宽带首次成为国家战略性公共基础设备。

发展目标:到 2020 年,我国宽带网络基础设施发展水平与发达国家之间的差距大幅缩小,国民充分享受宽带带来的经济增长、服务便利和发展机遇。宽带网络全面覆盖城乡,固定宽带家庭普及率达到 70%,3G/LTE 用户普及率达到 85%,行政村通宽带比例超过 98%。城市和农村家庭宽带接入能力分别达到 50Mbps 和 12Mbps,发达城市部分家庭用户可达 1Gbps。宽带应用深度融入人们的生产生活,移动互联网全面普及。技术创新和产业竞争力达到国际先进水平,形成较为健全的网络与信息安全保障体系。

(六)提速降费

2015 年 5 月 13 日召开的国务院常务会议部署确定加快建设高速宽带网络,促进提速降费的措施,助力创业创新和民生改善,具体包括:鼓励电信企业发布提速降费方案,使城市平均宽带接入速率提升 40%以上,降低资费水平;推进光纤到户和宽带乡村工程;推进电信市场开放和公平竞争(推出流量不清零、流量转赠等服务);年内宽带接入业务开放试点企业增加到 100 家以上;为"互联网+"行动提供有力支撑,拉动有效投资和消费,培育发展新动能。

二、全球新媒体发展趋势

中国、美国、英国、日本、韩国等国家高度重视新媒体的发展,采取一系列措施加快发展新媒体,并已取得了显著进展和成效。总体来看,全球新媒体发展具有以下几个趋势。

(一)加快宽带网络建设及 5G 研发

欧美发达国家十分重视宽带网络建设,将建设高速宽带网络作为促进国家信息交流、经济发展的重要战略,并推进宽带覆盖均等化,确保人人都能接入宽带网络。

中国为加快推进全域光纤网络建设,积极提升各城镇宽带接入网络光纤化覆盖率,使得人均上网速度能追上欧美发达国家,因此近两年积极发展通信产业。目前全球最大固网宽带市场为中国,其拥有超过 4.56 亿用户,占全球总数 1/3 以上。截至 2018 年 9 月,中国移动有线宽带用户达 1.468 亿,中国电信有线宽带用户达

1.427亿。截至2020年第一季度，中国光纤宽带普及率达93%。

美国为全球固网第二大市场，有约1.1亿用户，运营商持续布局DOCSIS 3.1技术并更新现有网络。以Comcast为例，其推出了基于DOCSIS 3.1的Gbps宽带服务；Charter Communications则于2018年4月宣布在洛杉矶、达拉斯、密尔沃基等地区部署DOCSIS 3.1，为1400万家庭提供1Gbps速率的上网服务。

自日本电报电话公司(NTT)从2015年2月提供光纤批发服务后，允许虚拟网络营运商、网络服务供应商、通信系统销售商等加入，日本宽带市场竞争态势发生改变。2018年3月日本总务省公布，截至2017年12月，日本光纤到户数达3008万户。在网络服务供应商方面，日本电报电话公司市占率为68%，凯迪迪爱公司(KDDI)市占率为12.9%，K-Opticom公司市占率为5.1%。

根据互联网世界统计(IWS)数据，截至2020年5月31日，全球互联网用户数量达到46.48亿人，占世界人口比重的59.6%。

目前，5G成为各国基础建设的新重点，但数字鸿沟依然存在。具体来看，欧洲地区互联网发展比较成熟，北欧普及率高达94%。亚洲普及率较为均衡，普及率在50%左右。在互联网基础比较薄弱的非洲地区，普及率还有较大的提升空间，其中，即使在表现最好的北非地区，普及率也仅为49%。未来，提升互联网普及率是非洲互联网经济发展的关键所在。而在互联网普及率较高的发达国家，正在加快建设先进的基础设施体系。以美国为代表的发达国家注重缩小数字鸿沟，致力于为民众提供普遍可获得的互联网接入服务，并积极利用企业力量大力发展全球化的互联网业务。

以中、日、韩为代表的亚太地区积极打造先进的无线网络，《5G网络就绪指数》表明，在亚太地区5G网络建设中，第一名为中国，第二名为日本，第三名为韩国。此外，报告还指出，中国已成为互联网发展的新兴大国，互联网的发展水平仅次于美国。在"宽带中国"战略、"提速降费"政策的推进下，中国信息基础设施建设持续升级，网络服务质量和水平显著提升。中国4G用户数达11.1亿，4G用户数渗透率进入全球前五；5G研发进入全球领先梯队，构建起全球最大的5G试验场，中国有望在5G领域实现更多的突破。

(二)加大版权保护力度

版权是视听新媒体的核心资源，也是视听新媒体产业发展的核心驱动力。现在各国都高度重视版权保护,严厉打击各种盗版,为视听新媒体产业营造良好的环境。

1.建立健全版权法律保护体系

英国和其他欧盟成员国是诸多版权及邻接权国际条约的缔约国。根据这些条约和规定,各成员国为源自其他国家的作品提供版权保护,这些条约和规定也成了欧盟所有成员国版权法立法的基础。并且这些跨境版权保护机制是欧盟独有的,目的是使欧盟成员国之间形成一种互利互惠的关系。这些机制主要包括:

(1)访问特定数据库的权利。根据数据库指令,欧盟成员国的国民和欧洲经济区成员国的企业有资格在所有欧洲经济区成员国范围内获得访问特定数据库的权利。

(2)在线服务内容的跨境使用。跨境使用规定[2017 年 6 月 14 日欧洲议会和理事会发布的《内部市场在线内容服务跨境可移植性条例》(2017/1128/Eu)规定]允许欧盟民众在欧盟成员国范围内访问其在母国订阅的在线服务内容。

(3)卫星广播版权许可的来源国原则。《卫星和有线电视指令》规定,卫星广播公司只要在作品的来源国获得授权,即可在任何欧洲经济区成员国广播受版权保护的作品。

(4)版权的集体管理。《版权集体权利管理指令》规定了欧洲经济区范围内版权集体管理组织代表权利人管理版权作品的权利和义务。

(5)版权作品无障碍格式副本(适用于视障人士)的跨境转移。《实施〈马拉喀什条约〉的规定》明确应当为保障盲人和视力障碍者的利益而在欧盟境内实施《马拉喀什条约》。欧盟法律允许在欧盟成员国之间(即使该成员国未批准该条约)以及与已批准该条约的其他国家进行版权作品的无障碍格式副本的跨境转移。

2018 年,日本文化厅决定修改著作权法,以限制诱导网民观看盗版动漫或电影的网站。此前,网民在这些网站观看盗版动漫或电影的行为并不违法,但今后这一行为将被视为侵犯著作权。日本文化厅认为,这些网站本身虽然不刊载盗版内容,但诱导链接盗版内容的行为助长了盗版的扩散,同样侵犯了著作权人的权益。著作权人可以要求网站停止刊载这些内容,政府也将制定规定对盗版产品提供者进行处罚。

2.采用科技创新建立版权保护系统

美联社建立“新闻注册”系统，对美联社所有新闻内容设置标签和版权信息，可反馈文章的具体使用情况。该系统向内容拥有者和出版商提供详细的内容使用、付费服务和强制的技术支持等指标，任何第三方或用户均可通过新型数字平台和设备，找到并使用美联社的新闻内容。

美国版权结算中心（CCC）、澳大利亚版权代理机构（CA）和英国版权代理机构（CLA）等海外机构针对新闻媒体开发了版权管理系统，学校、企业和政府部门在与其合作的新闻媒体进行影印和数字化复制时，都有详细的计费系统，帮助新闻媒体收取复制使用费。

3.用付费墙等模式引导规范版权有偿使用

付费墙模式是成熟的市场经济国家的传统媒体对其在线内容建立的用户有偿付费阅读模式。在美国上千种日报中，200 多家已建立付费墙，占日报的 16%，但拥有 1/3 的日报读者。美国发行量前 20 名的报纸中有 9 个建立了付费墙，占前 20 名报纸发行量的 51%。《华尔街日报》以独家新闻对相关平台收费，《纽约时报》以个性化服务推行码表付费墙。此外，还有数据库、电子教材等授权收费模式。

（三）提高网络安全保障

加强网络安全与网络监管已成为各国共识。世界各国纷纷加大对网络安全的投入，推进互联网立法，加强对互联网的监管。

2017 年 1 月 13 日，美国国家经济委员会发布《金融科技框架白皮书》，明确了六项政策目标：培育积极的金融服务创新创业；推动安全、可负担、公平的资本获得渠道；强化普惠金融发展；应对金融风险；推动形成 21 世纪新型金融监管框架；维护国家竞争力。同时，白皮书明确了涵盖消费者保护、技术标准、提升透明度、网络安全和隐私保护、提升金融基础设施效率等在内的十项基本原则。

2017 年 3 月，法国国会发布《共享经济税收法》，开启对共享经济的系统化监管。该法案把拥有一定收入的共享经济专职从业者，如网约车、共享住房专职从业者纳入自由职业者范畴，要求其上网申报通过共享经济平台取得的收入，按照规定缴纳税款。此外，该法向网上自动申报者提供了每年 3000 欧元的减免额，旨在区分个人使用者与专职从业者，免除平台个人用户的小额补充收入。

2017年4月,英国通过《数字经济法案》,规定了建设数字基础设施和服务、完善数据共享、打造数字政府和加强数字知识产权保护等内容。此外,法案批准了对骚扰电话的严厉处罚,并就电视牌照费、监管机构的职能等作出规定。

2017年5月31日,日本《个人信息保护法修正案》正式施行。此次修正案的实施将使日本的隐私规则发生重大变化,影响到公司处理个人信息的方式,特别是第三方的披露、国际转让以及收集和使用敏感个人信息等方面。该修正案引入"敏感信息"概念以及转让个人信息的新规则。

(四)保护新媒体用户权益

加强对新媒体用户数据隐私保护,尤其是青少年的保护,是欧盟和美国新媒体领域管理与服务的重要内容。

2018年5月25日,欧盟《一般数据保护条例》(GDPR)生效,该条例规定在欧洲地区提供服务的互联网平台在使用用户数据时,需要获得每一位用户的同意,用户也可以随时撤销同意许可。可以说,欧盟延续了以用户数据所有权与处分权为核心的原则,并将其发展到极致。该条例规定了严苛罚金,对于违反数据处理的一般性规则的企业处以2000万欧元或企业全球营收4%的巨额罚款。该条例势必对全球的网络数据安全制度造成巨大的影响。

整个条例归纳起来就是两个方面:数据收集者的操作规范、用户对自己数据完全自主的权利。针对数据收集者,不能用隐藏默认的方式获取用户许可,必须提前进行明确的提示与询问,获得允许后才可以获取和使用用户数据;收集之后还需要为用户提供查看收集数据概览及用途,保证用户有删除功能。

在用户权利方面,用户对自己的数据拥有完全的所有权,即便同意收集方收集数据,也可以随时查看、撤回删除相关协议,在用户撤回删除相关授权后,数据收集者必须立即将相关数据进行匿名化处理。

美国《加州消费者隐私法案》(CCPA)于2020年1月生效,这是一个隐私保护条例,用于保护个人数据,是美国加利福尼亚州出台的地方法律。这一法律其实是2018年通过的,旨在帮助用户在访问、删除和分享企业收集到的个人数据时有更大的自主权。具体而言,收集用户数据的企业必须披露收集的信息、收集信息的商业目的,以及会共享这些信息的所有第三方组织和机构。而企业需依据用户提出的正式要求删除相关信息。此外，用户可以选择出售他们的信息，而企业则不能随意改变价格或服务水平。对于允许收集其个人信息的用户，企业可提供适当的财务激励。除了保护数据隐私这一目的，CCPA 还希望帮助公众了解他们的什么数据会被收集，这些数据会被怎样出售或公开。和 GDPR 类似，CCPA 要求任何和加州居民发生业务往来的公司都要遵守这一法律，不存在属地管辖的原则。

（五）建立统一监管体系

为适应新媒体融合技术和产业发展，欧美国家普遍加大了统一的监管体系建设力度，强化市场监管，维护市场秩序。

一是完善立法，加强规范和引导。

2015 年 6 月，美国时任总统奥巴马签署了《美国自由法案》，允许美国政府在程序合法的前提下对公民通信情况进行监控；2015 年 12 月，美国国会通过《打击恐怖主义使用社交媒体法》，其中明确规定了对恐怖分子和恐怖组织使用社交媒体的状况进行分类评估和管制。

2017 年 4 月，欧盟等宣布考虑通过立法手段来协调 Facebook、Twitter 和 Google 等网络平台，遏制网络仇恨和煽动暴力的言论。

2018 年 1 月，德国颁布了《优化社交媒体领域执法》法案。该法案整合修订了 2015 年以来，德国司法部颁布的一系列相关法令，针对社交网络上的仇恨、煽动性言论以及虚假新闻等乱象，提出了更严格的监管要求。

二是健全监管机构，促进媒体监管和治理。

英国为加强媒体管理，逐渐改进和完善了监管机构。英国保守党、工党、自由民主党共同推动制定了《报刊自律皇家特许状》。根据新规，英国将成立新的媒体监管机构来代替原来的报刊自律组织——报刊投诉委员会。新的监管机构专设独立的“认证委员会”，该委员会拥有调查和惩罚媒体不法行为的权利。

俄罗斯政府为保护国家的网络安全，贯彻相关法律，管理网络行为，以《俄罗斯联邦宪法》等法律为依据，确立了以联邦安全局为主，以内务部、联邦媒体与文化管理局等为辅的信息监管审查体系，并在各联邦主体下设置相关机构执行中央决策并对本地区进行网络监管。

德国的网络监管主要由内政部负责，其直属的联邦刑警局下设“数据网络无嫌疑调查中心”,可以不根据具体指控,24 小时不间断地跟踪和分析网上的信息,也可以通过社交网络接受用户的网络报案。此外德国还针对黑客、恐怖主义设立“全国网络防卫中心”等机构,构成了完善的网络行为监管防护体系。

法国则在司法系统内设置了“网络警察”,专职处理网络非法内容举报。法国政府更是鼓励用户主动举报社交网络上的谣言,并由警方进行核实辟谣以及对谣言散布者进行审查和惩处。

三是维护网络安全,保障网络系统稳定。

2016 年 11 月,英国政府发布《英国 2016—2021 年国家网络安全战略报告》。报告指出,英国将在 2016—2021 年投资约 19 亿英镑用于加强网络安全和能力。根据该战略,英国将利用市场力量提高国家的网络安全标准,并在不断加强国家重点基础设施网络安全的同时,确保个人、企业和组织能够采取相应措施保证自身的网络安全。

美国历来重视网络安全,并将网络空间作为战略空间之一。2017 年,特朗普上台后,更是提出将建立由军方、执法机构和私营公司组成的网络审查小组。该小组将审查包括关键设施在内的美国网络防御的状况。为保护重要的关键基础设施,政府将公开所有网络漏洞,并建立先进的网络攻防系统。

第三节　国际传播

信息全球化带来的是国际传播的空前发展。全球信息传播系统的形成,极大地推动着现代社会的政治全球化、经济全球化、文化全球化、环境全球化、消费与流行全球化的进程,并对现代人社会生活的各个方面产生了深刻的影响。作为具有全球性的传播媒介,新媒体给不同国家、不同民族之间的交流带来了前所未有的便利,在实时性、交互性、跨地域等技术特点的影响下,新媒体也促进了国际传播新环境的形成。

一、国际传播概述

一个国家社会系统内部的传播称为国内传播,不同国家社会系统间的传播称为国际传播,而将国内传播与国际传播融为一体,以整个世界为范围的传播则称为全球传播。现代信息科技的发展，正在把人类带入一个全球传播的时代。

国际传播是一种古已有之的传播活动，自人类历史上出现国家以后就已存在。国际传播是与国际政治密切相关的传播。日本学者鹤木真曾经为国际传播下了一个定义："国际传播是以国家社会为基本单位，以大众传播为支柱的国与国之间的传播。"国际传播的基本主体是国家，除了国家以外，还包括：

国际机构（International Organizations）——以国家为单位建立的政府间常设机构，如联合国等。

超国家机构（Supernational Organizations）——指其决定在某种程度上或范围内对成员国政府拥有约束力的国际机构，如欧盟、世界贸易组织等。

同盟或地区集团（Alliance and Regional Blocs）——制度化程度不如前两者高，主要以条约或共同声明形式结成的、具有期限性的联盟组织，如北大西洋公约组织、东南亚国家联盟等。

跨国组织或运动（Transnational Organizations and Movements）——非政府的跨国组织或团体，例如教会、国际红十字会、国际奥委会、世界环保组织、世界妇女大会等。

国内各种集团或组织（Subnational Groups）——如政党、公会以及各种利益集团。在许多场合，这些团体、组织或集团直接或间接地对国家对外政策以及各种国际问题产生重要的影响。

个人——尤指那些在国际问题拥有广泛影响力的社会活动家、知名专家学者或舆论领袖。

全球传播是国际传播的扩大和发展，它既包括传统的国际传播，又拥有自己全新的课题。

全球传播的出现与跨国传播科技的发展和全球信息化的程度密切相关。卫星通信技术、跨国广播电视、计算机通信网络等新媒体的发达和普及，形成了一个全球性的信息传播系统。它们使远距离传播的信息量发生了质的飞跃，不同国家、民族和个人之间的跨国信息交流变得普遍化和日常化。

在传统的国际传播中，传播主体主要是国家以及各种各样的政府间国际机构。而在全球传播当中，在国家和政府间国际机构继续扮演重要角色的同时，传播主体出现了多元化的趋势，既包括各种各样的跨国团体，也包括以开拓世界市场为目标的企业,还包括活跃在网络上的普通民众。

在传统的国际传播中,不同国家之间的双边关系和多边关系是人们关注的焦点,而在全球传播中,许多全世界、全人类的问题受到人们的重视。例如人口问题、资源问题、环境问题,贫困与饥饿、和平与发展问题,等等,都是全球传播中的世界性议题。这表明,在全球传播中,人们关心的对象与范围已经不再局限于本国和本民族,大家开始作为"地球村"的一员而思考和行动。

在全球传播中,国际政治和国际关系依然占据着核心地位。但与此同时,由于跨国界、跨文化的交往和信息传播日益频繁,不同国家、民族之间的文化接触、摩擦和融合等,占据着越来越重要的位置。

跨文化传播(Intercultural Communication)是指来自不同文化背景的人们之间的互动。跨文化传播与国际传播的差异在于,跨文化传播强调文化差异对文化传播与人际交流的影响,而国际传播更强调传播的政治性。

二、国际传播的新特性

(一)国际传播主体的改变

国际传播主体是国际传播信息内容的发出者,会对国际传播过程产生直接影响。由于传播技术的限制,在很长的一段历史时期里,国际传播的主体是国家,是代表国家行使管理职能的各国政府。互联网等新媒体的出现,使国际传播中的传受关系发生了根本性的改变,政府之外的其他机构与个人也摆脱依附地位,成为传播主体,这就使国际传播主体发生了质的变化,由一元走向多元。

新媒体时代,国际传播主体大致可以分为四类:政府、企业、社会组织和个人。

由于政府的特殊地位,在国际传播中,它始终是主导性的传播者。企业是营利性的社会组织,受经济利益的驱动,在征服国内市场的同时,必然要开辟国际市场,对外输出产品、服务或技术。在此过程中,企业自然就会产生对外推销产品、服务,进行广告、公关宣传的需要,也就是国际传播的需要。社会组织,是指除政府和企业之外的非营利性组织,包括各种政治性、文化性、学术性、宗教性、福利性的组织机构与社会团体,互联网的发展使其有可能成为独立的传播主体。个人参与国际传播主要是通过博客、微博、SNS 等形式,建立个人媒体并以蜂窝状的组织结构最终形成一个庞大的、民众性的信息交流平台。

(二)国内传播国际化的加剧

长期以来，西方国家凭借着先进的传播技术和丰富的媒介文化，以及广大发展中国家对现代西方文明的渴求，不断扩大国际传播市场，其中又以国内传播向国际传播的扩张趋势最为明显。美国是最早使用卫星向国外传送电视节目的国家，打破了国内传播市场和国际传播市场之间原本明显的界线。西方国家的商业性广播电视节目，坚持宣扬资本主义的生活方式、价值观念、道德标准和行为规则，占据着国际传播的主动权。

新媒体传播时代，进一步突破了国内传播的界线。富含文化价值观念的广播电视节目通过互联网在全世界范围内广泛传播，实际上就是一种不可忽视的国际传播现象。中国媒体和个人应注意利用新媒体传播信息，争取将其对我们国家形象和民族文化的积极影响发挥至最大。

(三)国际传播渠道新型化

纵观传播技术与国际传播的发展轨迹，国际传播的客观需要不断催促着传播技术的突破与发展，而传播技术的进步又不断更新着国际传播的样式。从印刷术、电信技术、广播技术、电视技术，一直到卫星通信技术，国际传播的主流形态也相应地由新闻通讯社、国际广播发展到国际卫星电视、互联网。在利用大众传播的手段方面，国际传播不断“喜新弃旧”，一直青睐于以高新技术为基础的最新媒介。随着网络信息技术的飞速发展，国际卫星电视在国际传播中的主导地位又受到了网络传播的挑战。

作为一种极具广泛性和开放性的传播体系，互联网满足了国际传播跨越时空和国界的强烈需求。互联网在真正意义上突破了时空的界限，使信息以文字、图片、音像、动画等多种样式，全天候迅捷、流畅地在世界各地传播。世界上只要有重大新闻发生，网络就成为信息进行国际传播和受众查看新闻的重要渠道。同时，互联网还孕育了众多具有全球影响力的新媒介，如以 Facebook、Twitter、YouTube 为代表的 SNS、微博、视频网站，其受众覆盖已经超过主流媒体，成为最活跃的全球交流平台。另外，移动媒体方面，苹果公司的 iPhone、iPad 等终端凭借良好的性能优势,在全球掀起了抢购热潮,对国际传播产生了巨大影响。

三、信息主权和文化帝国主义

在信息技术高速发展的今天,在少数发达国家支配着信息的生产和流通的情况下,大多数传播弱国所受到的并不仅仅是形象的伤害,更严重的是,它们甚至面临国家主权受到干涉的危险。信息手段可以说已经成为个别强权国家干涉别国内政最廉价、最常用的手段。

(一)信息主权

信息主权,即一个国家对本国的信息传播系统进行自主管理的权利,这是信息时代国家主权的重要组成部分。一般来说,信息主权包括三个方面的内容:

第一,对本国信息资源进行保护、开发和利用的权利;

第二,不受外部干涉,自主确立本国信息生产、加工、储存、流通和传播的权利;

第三,对本国信息的输出和外部信息的输入管理和监控的权利。

其中,第三项权利直接涉及跨国传播,其功能包括保护国家机密和排除危及国家安全的有害信息等重要方面。

信息主权与文化主权密切相关。在跨国传播技术飞速发展的时代,许多国家和民族的文化正面临着严重的威胁和挑战。

(二)文化帝国主义

文化帝国主义是在20世纪60年代反对“新帝国主义”的国际环境下诞生的。所谓“新帝国主义”,主要是指有别于军事帝国主义的经济帝国主义和文化帝国主义。文化帝国主义研究,是把个别传播强国对世界信息流通系统的控制看作是推行文化扩张主义的过程,而把发展中国家的牵制和反抗看作是阻止文化侵略的过程。

文化帝国主义有三个特点:

第一,它是以强大的经济、资本实力为后盾,主要通过市场进行的扩张过程;

第二,它是一种文化价值扩张,即通过含有文化价值的产品的销售而实现全球性的文化支配;

第三，由于信息产品的文化含量最高，因此这种文化扩张主要通过信息产品的传播而得以实现。

在文化扩张的过程中，由于大众传播媒介是一种最有利的制度化手段，因此，学者将文化帝国主义又称为“媒介帝国主义”。

借助新媒体平台，跨国媒介的高度集中和垄断变得更加容易，而随着垄断体制形成的信息单向流通则随着交流的双向性而变得不那么容易。

就前者而言，目前，世界传播媒介的集中垄断程度仍在加剧。巴格迪坎预言：如果这种趋势继续发展下去，在21世纪将仅剩下5到10家超大型媒体企业，而这些“地球村的巨头们”将控制世界的报纸、杂志、书籍、广播电视、电影、唱片、录像产业的绝大部分，并对全世界的思想、文化和意识形态产生普遍的影响。在传统媒体基础上壮大起来的媒体集团不断向网络、手机等新媒体领域方向挺进，而新媒体企业更是紧抓时机，强强联合，实现资源的最大化。

对后者而言，在新媒体环境下，一方面，强势国家通过向弱势国家输出文化产品，使弱势国家的文化被“同质化”；另一方面，网络、手机等新媒介的个性化特征又促使弱势国家的文化向外传播。只要恰当地运用好新媒体，弱势国家、民族的文化以及其他亚文化也能够得到广泛传播。

总之，一方面，新媒体的自由与交互有助于文化的多元化发展；另一方面，新媒体的全球化以及对消费主义的推崇有可能在更大程度上推进文化的同质化。

四、国家对外传播的新特点

(一)传播内容的变化

国家对外传播在内容上的变化主要表现在：一是经济和政治成为并驾齐驱的因素，二是渐趋娱乐化和信息化。

20世纪80年代，传统媒体方面，欧美广播电视界掀起以“自由化、商业化、非规则化”为改革内容的市场化浪潮；互联网方面，不仅传统媒体纷纷“触网”，新互联网公司也层出不穷，并发展壮大。一些大型媒体集团走出国门，开始参与国际传播市场的争夺，对国际传播产生了深远的影响。

跨国媒体集团的介入使国际传播不仅在新闻、时事报道方面更为及时、全面，而且呈现出娱乐化、信息化的趋势。跨国媒体集团在产品制作上,形式生动活泼、内容丰富多彩,并十分注重娱乐功能。大量的经济、文化、科技、娱乐、生活等信息成为国际传播的重要内容,这些信息在有意无意间传播了本国意识形态及价值观念。国际卫星电视推动国际传播内容朝着娱乐化方向发展,而互联网更多推动国际传播朝着信息化方向发展。

(二)传播形式的变化

国家对外传播形式的变化主要体现在传统媒体积极建设新媒体平台。以往的主流媒体,报纸、杂志、广播、电视泾渭分明,而如今在新媒体浪潮的冲击和压力之下,主流媒体纷纷往数字电视、互联网、手机三大平台上积极拓展,呈现出整体向全媒体业务转变的趋势。以新华社、中央电视台为代表的中央级国家媒体正积极建设新媒体平台,努力成为技术先进、信息量大、覆盖广泛、影响力强的国际一流媒体。2009 年 3 月,依托新华社建设的"新华社视频新闻专线"(XINHUA Video)开通,提高了国家级通讯社的国际传播能力。2009 年 12 月,依托中央电视台建设的"中国网络电视台"(CNTV)正式开播,这是我国新媒体发展的一个重要里程碑,也是提高我国国际传播能力的重要步骤。2010 年,新华社中英两台在苹果 IOS 系统上线,这是我国在利用新媒体全球传播渠道方面作出的尝试。

新媒体的迅猛发展对国际传播产生了深刻影响,信息技术与内容、内容与表现形式、图文与音视频、媒体业务流程与组织结构正呈现出高度融合的发展态势,我国的新媒体国际传播必须顺应时代变化,强化新技术研发力度,不断创新国际传播渠道和手段,以提高传播的综合竞争力。

五、中国在国际传播中的挑战

新媒体时代下的媒介生态系统发生了重大变化,在这种环境下,国际传播也变得更为全球化、平面化、现场化。中国仍处于发展中国家的行列,对于国际传播的传播技术、传播技巧都不及美国等发达国家,因此在国际传播中面临着众多挑战,而如何将数字鸿沟转化为数字机遇,仍是中国在国际传播中需要努力的方面。

(一)新媒体发展滞后,影响力较弱

中国在新媒体发展滞后的表现主要是新媒体形式创新不足,新媒体终端落后。目前具有较大影响力的新媒体形式——微博、SNS、视频网站、搜索引擎,都是在美国首先兴起和发展的,在国内具有较大影响力的新浪微博、优酷网、百度均落后于国外相同行业的发展,在国际上的影响力远不及 Twitter、Facebook、YouTube、Google 等。新媒体终端方面,虽然在数字电视、电脑等产品上,我国企业发展较快,但是在移动媒体方面,智能手机、平板电脑市场均被国外品牌占据较大份额。在新媒体国际传播平台、终端等都较弱的情况下,我国的新媒体国际传播也处于相对弱势的局面。

(二)传播思维滞后,传播效果较差

无论是在传统媒体领域还是在网络媒体、移动媒体等新媒体领域,国内的主流媒体与国外的传媒集团相比,都有较大差距。世界上至少有 2/3 的消息来源于占世界人口 1/7 的发达国家。美联社、路透社、法新社基本上主宰了全球国际新闻的报道。发展中国家的国际新闻大多是转载西方媒体的节目。

国内媒体传播效果较差的原因:一是过分强调宣传,片面理解正面报道,导致中国的对外传播让人难以信服;二是缺乏对传播对象的研究。以上两点导致我们在对外传播过程中容易出现话语表达的问题。一方面是中国的报道习惯使用政治口号,容易出现堆砌政治术语的现象;另一方面是不太注意国际传播中语义、词汇、句法等的对应性转换。这样一旦疏忽,就容易造成国际受众的误解、猜疑、甚至反感。而西方新闻报道的特点是:将价值观隐藏在新闻事实背后,读者接收信息的时候只是感觉像在听一个故事,不自觉地就接受了它们所倡导的价值观。

六、信息全球化时代的国际传播新环境

(一)信息全球化时代的新形势

以“信息高速公路”的兴建为标志的第二次信息革命,揭开了信息全球化时代的新篇章。在这一时代,地球日渐紧密地联结成一个整体,不同国家、地区间的信

息传播、处理可以在同一时间完成。新媒体传播的这种即时、共时性特征，不但改变了传统媒体的传播理念及运作方式，对同样以大众传播为基础的国际传播的影响也不可小觑。而面对以信息无国界流动为内在需求的信息全球化浪潮，一向由国家利益驱动并由国家控制的国际传播当如何自处并寻找到新的平衡点——既遵从历史发展的逻辑，又确保信息主权不受他国的践踏，值得我们深思。

从控制的角度看，信息全球化与国际传播是一对矛盾。国际传播更多是一种国家行为，带有意识形态色彩。它以政府形象、国家利益为核心，力求强化正面信息，弱化负面信息。它是一种在国家控制之下的、有选择的信息传播。信息全球化则是一种非组织化的、非控制的过程，它以传播科技的发展为推动力，要求在世界范围内消除屏障，实现信息的自由流动和传播的无障碍化，同时要求各国政府减少对信息的控制，弱化政治倾向性和意识形态色彩。

应当承认，信息全球化具有历史进步意义。它带来了信息量的增加、传播速度的加快和传播范围的拓展，它使人类社会由封闭走向开放，由隔离走向融通。但是我们也应当认识到，任何国家的对内、对外传播，都不可能不受到控制，就连美国这个力主信息全球化的国家，也存在着信息过滤与控制。“白宫、国务院、五角大楼以及其他美国政府中与国际事务有关的部门都在利用传媒来确保受众看到、听到那些美国政府愿意让他们知道的官方消息。”美国军方甚至将大众传媒当作制造障眼法的工具运用于作战策略中。海湾战争期间，美军在开始陆战之前一直散布大批美军正在科威特东部海上集结的消息，而最终，美军是从科威特西部由陆路进入伊拉克的，从而成功地蒙蔽了 CNN 的“热心观众”——萨达姆。

(二)发展中国家应对措施

既然国际传播中的信息过滤与控制是不可避免的，而全球化又要求弱化或取消这种控制，那么在资源占有和技术支持方面处于劣势的发展中国家在此过程中应当采取哪些措施呢?

1. 端正态度，积极应对

发展中国家必须认识到，信息全球化是历史的必然，并且按照自己的逻辑发展，不以人的意志为转移。闭关自守不足取，刻意回避也无济于事，在传播科技迅速发展的今天，只有积极应对，才是解决问题的途径。因此，与其退避三舍、视而不见直至最终不得不仓促应对，不如正视现实，主动迎战，在游泳中学会游泳，在实践中掌握规律。

2. 扬长避短，加强合作

发展中国家应当看到，与西方发达国家相比，自己在经济发展水平、社会文明程度、国民受教育程度等方面还有很大的差距，民众媒介素养也不高。在这种情况下，全面开放本国信息市场，让外来信息无阻碍地自由流动，会对本国政治、经济以及社会生活其他方面造成巨大的冲击和不良影响。对此，发展中国家应有清醒的认识。

在信息全球化潮流面前，发展中国家应适时调整国际传播政策、策略，以使自己在与时俱进的同时不受到发达国家的冲击与侵害。这不是一国面临的问题，而是所有发展中国家共同面临的问题。

首先，除了对确有危害的信息严加防范外，发展中国家应适当调整控制方式：变排斥为正视，变被动为主动，变堵漏为疏导。具体来说，就是允许信息自由流动，通过国内媒体尤其是主流媒体的引导和传播，减少负面效应，使民众在选择与识别中增强判断力，从而增强整个社会的信息免疫力。封锁消息的结果必然是小道消息、虚假信息、各种谣传大行于天下，最终必将导致国家利益受到严重损害。

其次，推出并强化具有民族特色的优秀传播内容，不断拓展阵地，形成广泛的文化圈。尽管互联网以英语为主导，但它不可能将地球上所有的语言一网打尽。而依托于不同语言之上的文化，无不有着强大的生命力和拓展空间。汉语言文化尤其如此。汉字使用者约占世界上人口的五分之一，除了中国，还有分布于世界各地的华人华侨。如果我们对外传播的内容制作精当，其影响将不仅限于华语地区，还会在世界范围内产生影响。对内传播也是如此。研究表明，“美国的节目虽然在世界传播的数量上居于垄断地位，但其影响并不像人们想象得那样巨大。如果本土节目艺术上乘、制作精良的话，会比国外节目更具吸引力”。因此，当务之急是提高本国优秀节目的制作水平，以具有竞争力的传播内容赢得受众。

最后，发展中国家应建立地区性的信息传播联盟，加强彼此合作，共同抵御发达国家的信息冲击。目前，世界上虽然有一些国际传播方面的维权组织和一些保护发展中国家利益的宣言、报告，但它们的作用还没有充分发挥出来。信息全球化既关系到国家的政治利益，又关系到国家的经济利益。面对它，一个国家，尤其是一个发展中国家的力量是微不足道的。这就需要建立联合体,将各方面的力量聚合起来,形成区域性的联盟,共同维护彼此的利益,有效防止信息过度倾斜对发展中国家造成的危害和外来不良信息对发展中国家带来的负面影响。

总而言之,信息全球化是历史发展的必然趋势,它虽然起源于资本主义商品经济,但它并不仅仅属于西方,而是属于全人类。在这一时代,各个国家、民族的文化和传播内容将突破地域限制,走向世界,并在全球范围内接受检验与评价。对广大发展中国家来说,这既是机遇又是挑战。以国家为主体的国际传播如何顺应信息全球化的潮流,与之接轨并融入其中,如何抓住机遇迎接挑战,是需要各个国家共同来完成的课题。

思考题

1. 简述国际新媒体的发展趋势。
2. 国际传播的内容是什么?
3. 文化帝国主义有哪些特点?

延伸阅读

1. 班尼特. 新闻:幻象的政治[M]. 9 版. 杨晓红,王家全,译. 北京:中国人民大学出版社,2018.
2. 孙东哲. 新媒体与国际传播[M]. 北京:外文出版社,2014.
3. 胡正荣. 世界主要媒体的国际传播战略[M]. 北京:中国传媒大学出版社,2011.
4. 刘军. 加强中华文化融媒体国际传播内容构建[J]. 中国广播电视学刊,2019.
5. 张娜,吉元戎.《一带一路》话语体系的价值建构[J]. 青年记者,2019.

图书在版编目(CIP)数据

新媒体概论 / 黄传武主编. -- 2 版. -- 北京 : 中国传媒大学出版社, 2021.2 (2024.8 重印)
新闻传播专业"十四五"规划教材
ISBN 978-7-5657-2835-8

Ⅰ. ①新… Ⅱ. ①黄… Ⅲ. ①传播媒介—高等学校—教材 Ⅳ. ①G206.2

中国版本图书馆 CIP 数据核字(2020)第 226848 号

新媒体概论(第二版)
XINMEITI GAILUN(DI-ER BAN)

主　　编	黄传武		
策划编辑	张　笛		
责任编辑	张　笛		
责任印制	李志鹏		
封面设计	拓美设计		
出版发行	中国传媒大学出版社		
社　　址	北京市朝阳区定福庄东街 1 号	**邮　　编**	100024
电　　话	86－10－65450528　65450532	**传　　真**	65779405
网　　址	http://cucp.cuc.edu.cn		
经　　销	全国新华书店		
印　　刷	北京中科印刷有限公司		
开　　本	787mm×1092mm　1/16		
印　　张	12.5		
字　　数	220 千字		
版　　次	2021 年 2 月第 2 版		
印　　次	2024 年 8 月第 4 次印刷		
书　　号	ISBN 978-7-5657-2835-8/G·2835	**定　　价**	49.00 元

本社法律顾问:北京嘉润律师事务所　郭建平

新闻传播专业“十四五”规划教材

新闻学原理(第二版)		彭菊华 著
新闻采访(第二版)	熊 高	熊 倩 著
新闻写作(第三版)		郭光华 著
新闻采访与写作(第二版)		许 颖 著
新闻编辑(第二版)		谭云明 著
新闻作品评析教程(第二版)		王灿发主编
新闻心理学概论(第六版)		刘京林 著
舆论学概论		刘建明等著
舆论学原理、方法与应用(第三版)	韩运荣	喻国明 著
传媒伦理学教程		张 傅主编
新媒体概论(第二版)		**黄传武主编**
当代广播电视概论(第二版)	黄 建	黄 灿 著
广播电视法律制度概论(第三版)		涂昌波 著
传播学调查研究方法		胡 颖 著